LES PLUS GRANDS
MANIAQUES
DU
MONDE

Sommaire

LES PLUS GRANDS MANIAQUES DU MONDE

Margaret Nicholas

CIL

Un naturaliste hors du commun

Il servait à ses invités ses souris sur canapé

« J'ai fait cuire une vipère pour le déjeuner », nota joyeusement dans son agenda Frank Buckland, chirurgien et naturaliste. Il ajouta qu'il avait également préparé un potage à la trompe d'éléphant. Mais à son grand désappointement et, bien que la trompe ait bouilli plusieurs jours, il la trouva trop dure pour la consommer.

Un jour, des amis qui lui rendaient visite le trouvèrent en train de préparer une tourte savoureuse garnie de morceaux de rhinocéros. Il leur avoua que cela avait un goût prononcé de bœuf très faisandé.

Déjeuner chez Buckland, un gourmet extraordinaire et l'auteur d'un des grands succès du XIXᵉ siècle, les *Curiosités de l'histoire naturelle,* était une expérience inoubliable. Mais il fallait, comme lui, avoir le palais curieux et l'estomac solide, et pouvoir goûter et déguster à peu près n'importe quoi.

Le zoo de Londres lui procurait souvent des occasions rares. Apprenant qu'une panthère venait de mourir, il supplia le conservateur de la faire déterrer et de lui expédier quelques côtes, confessant plus tard qu'elles « n'étaient pas très bonnes ». Après un incendie dans l'enclos des girafes, il jubila à l'idée d'avoir plusieurs semaines de rôtis de girafe devant lui.

La maison de Buckland était un endroit délicieusement chaotique qui ressemblait plus à une ménagerie qu'à un foyer. Près de la cheminée vivaient ses singes. Ils démolissaient et mordaient tout ce qui se présentait, mais il les adorait, leur donnant de la bière tous les soirs et une goutte de porto le dimanche. Une mangouste apprivoisée se promenait dans toute la maison, ses rats favoris couraient sur son bureau et un martin-pêcheur géant d'Australie laissait échapper un éclat de rire sauvage toutes les demi-heures.

Buckland vivait au milieu de tout cela en tirant gaiement sur son cigare. Court et large, il portait habituellement pour travailler une vieille chemise de flanelle, un pantalon maintenu sous les aisselles par des bretelles trop courtes et un chapeau melon. Comme il détestait chaussures et bottes, il allait normalement pieds nus.

Il avait hérité ses étranges goûts culinaires de son père, William Buckland, doyen de Westminster et l'un des fondateurs de la géologie moderne. Buckland Senior avait la réputation d'avoir un jour goûté à un morceau du cœur embaumé de Louis XIV. Il avouait que la taupe était ce qu'il avait mangé de plus mauvais puis, après mûre réflexion, confessait que les mouches à viande braisées étaient encore pires. Son fils, lui, détestait particulièrement les perce-oreilles, se plaignant de leur amertume.

Frank Buckland naquit le 17 décembre 1826 et passa les vingt premières années de sa vie à Oxford, où son père était chanoine.

La maison était pleine d'animaux vivant en liberté – ceux qui étaient empaillés se trouvant dans l'entrée, près du cheval à bascule du petit Frank. Les serpents et les grenouilles vertes logeaient dans des cages ou dans la salle à manger.

Les visiteurs devaient s'attendre à manger les choses les plus étranges. L'alligator était un mets recherché chez les Buckland ; des souris étaient fréquemment servies sur des toasts beurrés et le fameux anatomiste Richard Owen, accompagné de sa femme, fut un jour régalé d'autruche rôtie.

A deux ans et demi, Frank, précoce, visita Windsor Great Park. Là, il ne fut nullement effrayé lorsque le kangourou qu'il pourchassait le renversa.

Pour ses quatre ans, sa mère lui offrit un cabinet d'histoire naturelle qu'il utilisa toute sa vie. Il l'emporta avec lui quand il quitta la maison pour une école célèbre, Winchester. Là, il commença à attraper, à disséquer et à naturaliser de petits animaux, soulageant quelquefois sa fringale en préparant des mets aussi délicats que de la tourte à l'écureuil ou des beignets de souris. Parmi ses animaux familiers, figuraient une chouette, une buse, un raton laveur, quelques choucas et une vilaine pie.

Lorsqu'il alla à Oxford, il partagea sa chambre avec des serpents, des cochons d'Inde, des souris, des grenouilles, un singe, une colombe et un caméléon. Ses poches étaient toujours pleines de mousse humide pour ses orvets, qui avaient la fâcheuse habitude de sortir la tête quand il était plongé dans une conversation.

La petite cour située entre sa chambre et le jardin du chanoine devint un zoo miniature habité par un ourson nommé Tig, un singe, un chacal et un aigle. Personne ne dit jamais rien jusqu'au jour où l'aigle décida d'assister au service de 8 heures.

La porte du cloître avait été laissée ouverte et l'énorme rapace pénétra dans l'église au moment où éclatait le *Te Deum*. Le doyen, pétrifié, vit s'avancer l'oiseau menaçant vers lui. Sur le moment, il se contenta de fusiller Buckland du regard, se réservant de lui dire plus tard ce qu'il pensait.

Désirant devenir chirurgien, Frank Buckland s'inscrivit comme étudiant au St George Hospital de Londres, en 1847. C'était une époque où les antiseptiques étaient inconnus, où les chirurgiens opéraient dans n'importe quelle tenue et où ils trimbalaient des mèches de fouet dans leurs poches pour suturer les artères. Les patients souffraient comme des damnés, mais la gentillesse et l'humour de Buckland le rendirent immédiatement populaire.

Lorsque son père devint doyen de Westminster, Frank revint à la maison pour vivre avec ses parents. La résidence du doyen, toujours aussi chaotique, attirait tout un monde scientifique et culturel. Un jour, l'oculiste de la Reine Victoria, White Cooper, vint dîner chez ses parents. Après le porto, Frank lui proposa de visiter le cellier où vivaient ses rats apprivoisés. Le plus grand s'approcha des chevilles du visiteur. « Attention, il mord ! » s'écria Frank en lui jetant une couverture sur la tête. Malgré

Frank Buckland

son dégoût, Cooper fut impressionné par les connaissances et l'humour de son jeune hôte. Il encouragea Buckland à mettre par écrit les observations qu'il faisait sur ses rats et lui promit de trouver un éditeur. L'article fascinant de Buckland sur les rats parut finalement dans un magazine, *Bentley's Miscellany*, et fut très remarqué. Personne n'avait jamais écrit ainsi sur les animaux. Ce fut le premier d'une série, publiée plus tard sous le titre *Curiosités de l'histoire naturelle*.

Bien que nommé assistant-chirurgien dans les Life Guards, Buckland consacra de plus en plus de temps à l'histoire naturelle. Il participa également à l'un des projets les plus excentriques que l'Angleterre ait connus en fondant avec d'autres la Société pour l'acclimatation des animaux dans le Royaume-Uni.

La population augmentait et il devenait nécessaire de trouver d'autres sources d'approvisionnement en viande. Pourquoi ne pas emplir les grands parcs britanniques de kangourous, de yacks et de bisons qui, une fois acclimatés, fourniraient justement cette viande ? Au dîner annuel de la société, on servit du kangourou braisé, du sanglier et du currassow rôti (un oiseau – très dur – d'Amérique du Sud), ainsi que du tripang, ou limace de mer japonaise, mets que même Buckland trouva détestable, le comparant à quelque chose à mi-chemin entre la gelée de tête de veau et la glue.

La maison de Buckland était très courue. Les petits enfants du voisinage s'accrochaient aux grilles pour regarder défiler toutes sortes d'invités, des phénomènes de foire aux savants et aux politiciens. On y vit même des frères siamois, Chang et Eng.

Sa femme, Hannah, partageait son amour des animaux, s'occupant souvent des petits malades du zoo. Un de ses patients fut un porc d'Afrique du Sud, qui, une fois guéri, devint énorme et joua plus d'un tour à ses invités. Une de ses farces favorites consistait à se cacher sous la table et à y effectuer une razzia dès qu'on avait le dos tourné. Mais, un jour, devenu vraiment trop gros, il emporta avec lui un clergyman solennel en essayant de passer sous sa chaise. L'homme de Dieu prit très mal la chose et il fallut se débarrasser du cochon farceur.

En 1861, Buckland entama une nouvelle carrière qui devait l'occuper le reste de sa vie. L'élevage du poisson. Il dépensa une grande partie de ses revenus et créa un musée de l'élevage du poisson dans South Kensington. La reine Victoria le visita, fut très impressionnée et l'invita dans son domaine de Frogmore. Et, en 1867, elle le nomma inspecteur des pêcheries de saumon royales. A partir de cet instant, Buckland visita le pays pour s'assurer que les saumons pouvaient facilement remonter les rivières, fabriquant de petites « échelles » pour qu'ils franchissent les obstacles construits par l'homme. Un jour qu'il n'avait pas le temps de bricoler quelque chose, il leur laissa un mot sur un barrage : « Pas de franchissement du barrage pour le moment. Redescendez la rivière, prenez le premier tournant à droite et vous trouverez un moyen de remonter le courant sans avoir à sauter. F.T.B. »

En janvier 1878, il tomba malade de s'être trop promené dans l'eau glacée et dû être opéré des poumons. Il refusa toute anesthésie, prétendant qu'il désirait assister à l'opération.

Frank Buckland n'était âgé que de cinquante-quatre ans quand il mourut le 19 décembre 1880. Il envisagea sa mort avec sa bonne humeur caractéristique. Dans son testament, il écrivit : « Dieu est bon, si bon, avec les petits poissons. Je ne peux croire qu'il laisserait leur inspecteur subir un naufrage. Je pars pour un long voyage au cours duquel je pense rencontrer un grand nombre d'animaux bizarres... ce voyage je ne peux que l'accomplir seul. »

Le voyageur complet

Il découvrit les empreintes digitales
et rêva d'une race supérieure

Si vous vous sentez souffrant ou déprimé quand vous voyagez dans une région écartée d'un pays étranger, jetez simplement une charge de poudre à fusil dans un gobelet d'eau tiède savonneuse et avalez d'un trait. Voilà le conseil que donnait Francis Galton dans un véritable petit bijou intitulé *l'Art de voyager.* Cela vous chatouillera la gorge, admettait-il, mais vous vous sentirez aussitôt beaucoup mieux.

Mal aux pieds ? Ampoules ? Mettez simplement de la mousse d'eau savonneuse dans vos chaussettes et cassez un œuf cru dans chacune de vos bottes pour en assouplir le cuir. On se débarrassera des poux en mélangeant 14 grammes de mercure à des feuilles de thé avec de la salive, et en confectionnant un petit collier que l'on portera autour du cou.

Piqûre de guêpe ? Un peu de jus de pipe frotté sur la peau marchera aussi bien que n'importe quel médicament. Et, en cas d'attaque de scorbut, il vous suffira de masser vos gencives avec de la mélasse mélangée à du jus de citron pour empêcher vos dents de tomber.

Le livre de Galton fut un best-seller et connut cinq éditions. Il couvrait toutes les éventualités, depuis la construction de bateaux, de huttes et de tentes jusqu'à l'envoi de signaux de détresse dans la brousse ou la pêche à main nue. Il expliquait au lecteur comment trouver du bois pour faire du feu sous une pluie d'orage (sous les racines d'un arbre), comment se comporter avec les autochtones (d'une manière franche, plaisante mais déterminée) et comment garder ses vêtements secs lorsqu'il pleut à verse (retirez-les et asseyez-vous dessus).

Le cheval, affirmait-il, était un animal très pratique à avoir sous la main en voyage. On pouvait toujours l'utiliser comme coupe-vent ou pour allumer sa pipe pendant un cyclone. Il suffisait pour cela de se glisser sous son ventre et d'y rester. Si vous désiriez traverser une rivière et que le cheval n'aime pas nager, la meilleure solution, selon Galton, était de le faire avancer le long des berges pentues de la rivière et de l'y faire pénétrer lorsqu'il ne serait plus sur ses gardes.

Il offrit ses connaissances encyclopédiques au ministère de la Guerre lorsque éclata la campagne de Crimée, en 1855, et qu'on s'aperçut que le soldat britannique moyen était incapable de survivre quand il rencontrait des conditions par trop primitives. On l'invita à donner des conférences au tout nouveau camp d'Aldershot, mais très peu furent ceux qui se déplacèrent pour l'entendre – les militaires le prenaient pour un excentrique.

Pourtant, Francis Galton était un homme remarquable. Il est probablement plus connu pour avoir été l'un de ceux qui découvrirent que tout être humain possède un jeu d'empreintes digitales unique. Sa méthode de classement est encore utilisée dans les enquêtes criminelles. Il écrivit également un livre sur l'hérédité qui modifia les idées d'une génération. Cependant, c'est pour son génie à résoudre les problèmes de la vie courante qu'il nous est sympathique. Rien n'était trop banal pour échapper à son attention.

Il venait d'une famille de Quakers et de commerçants dont beaucoup s'intéressaient à la science. Son grand-père, Samuel, fit fortune en fabriquant des armes, au grand dam de ses coreligionnaires, et fonda la Banque Galton à Birmingham. Le père de notre Galton en hérita. Samuel Tertius Galton se serait bien passé de cette charge pour se consacrer à la science ; par sa mère, il était parent du célèbre Charles Darwin, le grand naturaliste.

Francis Galton naquit le 16 février 1822 dans une belle demeure datant du règne des quatre rois George, The Larches, près de Birmingham. Il était le dernier de sept enfants et eut une jeunesse heureuse.

A l'âge de seize ans il décida de devenir docteur et fut accepté au General Hospital de Birmingham. Au dispensaire, il découvrit la *Pharmacopoeia,* index de tous les médicaments couramment en usage, et sentit qu'il ne serait pas satisfait avant d'avoir appris, en les expérimentant sur lui-même, l'effet qu'ils produisaient sur le corps humain.

Partant de la lettre A, il commença d'avancer dans l'alphabet. Rien d'extraordinaire n'arriva avant qu'il atteigne la lettre C. Là, il rencontra Croton (huile de), un purgatif particulièrement puissant.

« Je crus bêtement que deux gouttes ne pouvaient avoir d'effet perceptible, écrivit-il dans ses mémoires, mais elles en eurent. Je m'en souviens encore maintenant... » Lorsqu'il fut guéri, il abandonna ses recherches et étudia les bandages et les attelles.

Quand il reçut son diplôme, au Trinity College de Cambridge, ce ne fut pas en médecine mais en mathématiques. Il avait tant travaillé qu'il jura que l'effort lui avait « foulé le cerveau ». Pour rafraîchir son « équipement mental », il inventa un chapeau aéré laissant l'air circuler autour du crâne. Celui-ci était muni de petits volets fonctionnant par l'intermédiaire d'une valve mise en marche par une petite poire montée sur un tube de caoutchouc qui ceinturait la coiffe.

Il n'aima jamais la profession médicale, haïssant particulièrement les autopsies. Aussi, comme son père lui avait laissé assez d'argent à sa mort, il décida de s'orienter vers une vie plus saine.

Les grands espaces l'attiraient. Il partit pour la Syrie, l'Égypte et le Soudan. Puis, encouragé par la Société royale de géographie, il parcourut les vastes territoires pratiquement inconnus de l'Afrique du Sud-Ouest.

Ce fut un explorateur dans la grande tradition victorienne, subissant privations et dangers pour découvrir de nouveaux territoires. Mais, fidèle à sa nature, il empoigna l'Afrique d'une façon pragmatique tout à fait britannique. Furieux d'apprendre

Francis Galton en 1864

que les membres d'une certaine tribu hottentote tuaient les missionnaires, il décida d'« examiner la situation » et démoralisa totalement le chef en débarquant dans son kraâl sur un bœuf renâclant pour lui annoncer qu'il fallait que cela cesse.

Une autre fois, il renvoya une voluptueuse princesse que le chef de la tribu Ovampo lui avait offert comme femme temporaire. « Elle était couverte d'ocre rouge et de beurre,

15

expliqua-t-il, et je ne voulais pas qu'elle gâte mon plus bel habit de toile blanche. »

En tant que scientifique, il s'intéressa aux raisons génétiques qui faisaient bénéficier les Hottentotes d'énormes derrières. Croisant un jour une Vénus particulièrement bien pourvue et, ne parlant pas sa langue ni n'osant demander à un missionnaire de traduire ses questions, il la mesura à distance avec son sextant, transcrivit les résultats à l'aide de la trigonométrie et écrivit plus tard un article très sérieux sur le « sujet ». Après deux années et un trajet ardu de 2 700 km – la plupart du temps dans des territoires où aucun homme blanc n'avait mis les pieds –, il rentra chez lui pour mettre à jour ses notes et recevoir médailles et diplômes. Puis il entreprit la rédaction de *l'Art de voyager,* qui connut le succès que l'on sait.

En 1853, il demanda la main de Louisa Butler, la fille du doyen de Peterborough. Ils restèrent mariés quarante-quatre ans et Galton l'adora. Pourtant, elle ne lui rendait pas la vie facile. Louisa était en effet assez méchante et hypocondriaque. Elle se préparait à la mort à intervalles réguliers. « Tante Louisa est encore en train de mourir » devint un dicton dans la famille. Ils n'eurent pas d'enfants, ce qui l'attrista car il s'entendait bien avec les jeunes. A Noël, il avait l'habitude de retirer des souverains tous neufs de la banque pour les glisser dans la main de ses neveux et nièces, en leur murmurant à l'oreille de n'en rien dire à tante Louisa.

En 1857, il acheta une maison à Londres, tout près du Science Museum. De l'extérieur, le 42 Rutland Gate n'était guère différent de milliers d'autres maisons respectables. Mais l'intérieur en était révolutionnaire pour l'époque. Galton avait, en effet, insisté pour que tout y soit pratique. Un peu parce qu'il souffrait d'asthme, beaucoup parce que c'était sa façon d'envisager la vie quotidienne. La moquette, les rideaux et le papier peint retenant la poussière, il refusa d'en installer. Les visiteurs glissaient sur des parquets qui brillaient comme des miroirs et étaient obligés de s'asseoir sur des chaises dures sans rembourrage. La maison était pleine de ses inventions – notamment un signal qui prévenait toute la maisonnée que les toilettes étaient occupées. « Cela évite de se déplacer pour rien au premier, expliquait-il, et l'occupant n'est pas embarrassé par le fait qu'on secoue la poignée de l'extérieur. »

Galton était un homme distingué à la tête bien faite, aux épais sourcils et aux yeux gris perçants. Malheureusement, il était de petite taille, ce qui le handicapait lorsqu'il assistait à un défilé ou une cérémonie, chose qu'il adorait comme un enfant. Évidemment, il trouva une solution à ce problème. Il arrivait sur les lieux avec une grosse brique en bois enveloppée de papier sous le bras. Sans se préoccuper des badauds, il la posait sur le sol en s'aidant d'une ficelle et y grimpait. Puis il sortait de sa poche une autre de ses inventions, l'« hyperscope », une sorte de périscope miniature qui lui permettait de voir par-dessus têtes et chapeaux. Au moment de partir, il remontait sa brique, empochait son hyperscope et rentrait dîner.

La météorologie le passionnait tout particulièrement. Croyant dur comme fer aux statistiques, il prépara des cartes du temps beaucoup plus précises que tout ce qu'on avait vu jusque-là. Au passage, il découvrit et nomma l'anticyclone.

Mais l'étude de l'hérédité l'intéressait plus que tout. La publication, en 1859, du livre de son cousin Darwin, *De l'Origine des Espèces,* ouvrit son esprit à des idées nouvelles et l'encouragea à poursuivre un rêve qui le hantait depuis des années : l'amélioration de la race humaine. Dans son ouvrage révolutionnaire, *le Génie héréditaire,* il tenta de prouver à l'aide d'une montagne de statistiques que les capacités et le talent étaient héréditaires. Il fallait donc, pour obtenir des humains parfaits, sélectionner ceux qui possédaient ces capacités et étaient sains physiquement et mentalement, pour les faire se reproduire.

Sa théorie sur une race supérieure fut avidement discutée par les scientifiques dans les colonnes du *Times.* Il nomma sa nouvelle science l'Eugénisme. Cette science paraissait parfaitement logique. D'un point de vue scientifique, pourquoi, pour obtenir des humains irréprochables, ne pas les croiser avec le même soin que l'on apportait au croisement des chevaux et du bétail ? Évidemment, Galton aurait été probablement stupéfait s'il avait su que sa théorie serait reprise plus tard par les nazis pour commettre les crimes les plus monstrueux de l'histoire contemporaine.

Galton installa un laboratoire anthropométrique à l'Exposition Internationale de la Santé, tenue à Londres en 1884. Il y collecta une foule de faits physiques en évaluant les gens : poids, hauteur, empan, temps de réaction, acuité visuelle, taille de la tête et longueur du pas. Il collecta également leurs empreintes digitales.

Des milliers de visiteurs se pressèrent pour se faire mesurer. Mais ce ne fut que lorsqu'il finit d'examiner sa collection de 2 500 empreintes qu'il s'aperçut qu'elles étaient toutes différentes. Il transféra son laboratoire d'une façon permanente au musée de South Kensington, commença à prendre les empreintes des dix doigts et, en 1883, eut assez de matériel pour publier un livre de deux cents pages appelé tout simplement *Empreintes digitales*. C'est encore la base de toutes les enquêtes criminelles de nos jours.

Ce qui étonne, chez Galton, c'est le contraste entre l'élévation de son esprit et le côté loufoque de certaines de ses expériences. Il décida, par exemple, de dresser une carte de la Grande-Bretagne montrant les endroits où se trouvaient les plus jolies filles. Il inventa donc un petit compteur de poche sur lequel il suffisait d'appuyer pour enregistrer les chiffres, puis se lança dans un tour des grandes villes, son petit compteur en poche appuyant dessus lorsqu'il croisait une belle femme. Au retour de ce voyage épuisant, il déclara que Londres était habité par le plus grand nombre de jolies femmes et Aberdeen par le plus petit !

Ses expériences anthropologiques comprenaient un test sur la sensibilité humaine et animale aux hautes notes. Il construisit pour cela ce qui fut appelé plus tard le sifflet de Galton, engin qui produisait en gros des sons extrêmes, égaux ou supérieurs au seuil d'audibilité des humains. Fixé dans une canne creuse, il fonctionnait par pression sur une poire de caoutchouc dissimulée sous la poignée. Lorsqu'il faisait beau, Galton partait à l'aventure. Quand il apercevait quelque infortuné s'occupant de ses affaires, il se glissait derrière lui, portait le sifflet à la hauteur de ses oreilles et appuyait sur la poire. Si la pauvre créature faisait un bond prodigieux c'était qu'elle avait entendu la note produite. Si elle ne bougeait pas, il en concluait qu'elle n'avait rien perçu.

De tous les animaux testés, il s'avéra que le chat avait l'ouïe la plus fine, et le chien la moins bonne. Les insectes le désespérèrent, tandis qu'il obtenait un joli succès au zoo en rendant furieux tous les lions.

Mesurer les réactions humaines devint une passion. Ceux qui venaient dîner à Rutland Gate auraient été alarmés s'ils avaient su ce qui s'y passait. Galton ne les quittait pas des yeux, notant le moindre geste. Partant du principe que deux personnes attirées l'une par l'autre se laissaient aller l'une vers l'autre, lorsqu'elles étaient assises côte à côte, et que les indifférents restaient bien droits, il installa des petits tambours de pression sur les chaises de sa salle à manger et prit l'habitude de les consulter après le départ de ses hôtes.

Sa femme mourut en 1879. A partir de cet instant on ne vit plus Galton sans une jolie femme. Eva Biggs, la petite fille de Lucy, sa sœur décédée, s'installa même à Rutland Gate. « Une compagne délicieuse, toujours joyeuse, ponctuelle et intéressée. »

En juin 1909, à l'âge de quatre-vingt-sept ans, il fut fait chevalier mais, fatigué par son asthme et des crises de bronchite chronique, il ne put assister à la cérémonie.

Pendant des années, il passa l'hiver sous des climats plus cléments mais, en prenant de l'âge il ne fut plus capable de se rendre en Italie ou dans le sud de la France. Aussi, en 1910, décida-t-il de passer l'hiver dans le Surrey, comptant y trouver une température plus agréable. En visitant la maison, il nota que l'escalier menant à sa chambre faisait un angle droit. « Mon cercueil aura du mal à passer », remarqua-t-il. Il mourut un mois plus tard, le 17 janvier 1911.

Des trous aux pôles

Il prépara un voyage au centre de la Terre

Après avoir étudié l'univers, John Cleves Symmes arriva à la conclusion que la Terre était creuse, avec assez de place pour y loger cinq autres planètes. Il affirma, de plus, qu'il existait des trous béants aux pôles Nord et Sud et qu'il devait être possible d'y naviguer pour pénétrer jusqu'au centre de la Terre. Il espérait y découvrir une autre race humaine, une vie animale grouillante et une végétation luxuriante. Peut-être même la réponse au mystère de la vie.

Symmes était si convaincant et si beau parleur qu'il se trouva même des membres du Congrès, en janvier 1823, pour écouter poliment sa requête. Il désirait obtenir le financement d'une expédition au centre de la Terre.

Le capitaine Symmes, vétéran de l'armée, avait préparé son affaire dans les moindres détails. Il avait décidé, expliqua-t-il, de s'attaquer au pôle Nord d'abord. Pour cette tentative, il lui fallait « 100 braves compagnons », y compris des scientifiques, deux navires et assez de rennes et de traîneaux pour transporter son expédition à travers les étendues glacées de la Sibérie d'où il comptait partir. Il voguerait alors vers le trou, dont il estimait le diamètre à 1 220 mètres, en empruntant le détroit de Béring. Quand on lui demanda s'il n'avait pas peur de tomber dedans, il répondit qu'il pensait qu'il lui suffirait de naviguer vers lui pour se retrouver dedans. A son avis, ajouta-t-il très sérieusement, personne ne noterait le moment historique où l'expédition pénétrerait dans les entailles du globe !

Qui était donc cet éblouissant aventurier ?

John Cleves Symmes était un boutiquier, un rêveur et un rat de bibliothèque. Il descendait d'une vieille famille puritaine et était né dans le comté de Sussex, dans le New Jersey, le 5 novembre 1780. Le seul membre du clan familial qui ne se soit jamais distingué était un oncle qui avait participé à la fondation de Cincinnati.

Le jeune John fut très tôt fasciné par la science, l'exploration et les étoiles. Le quotidien lui paraissait bien trop terre à terre. A l'âge de vingt-deux ans, il opta pour une carrière militaire, voulant voir du pays et goûter à la gloire. Au début, il fut cantonné dans des fortins perdus et primitifs, dans la région des grandes prairies. Mais il parvint quand même, une fois, à mettre un peu de sel dans sa vie en se battant en duel, tuant presque son adversaire et étant lui-même blessé. Puis, vint le moment tant attendu. La guerre de 1812 contre la Grande-Bretagne, guerre qui produisit « La Bannière Étoilée », le vit se hisser au rang de capitaine et devenir une sorte de héros qui mena sa compagnie avec « bravoure, savoir-faire et courage » dans une escarmouche particulièrement sanglante.

Lorsqu'il prit sa retraite, en 1816, il devint commerçant. Le gouvernement lui accorda une licence qui lui permit de négocier avec les Indiens et la troupe, et il ouvrit boutique dans un poste près de Saint-Louis, dans les régions incultes du Missouri. C'était une vie solitaire, aussi épousa-t-il une veuve de guerre avec six enfants, ajoutant bientôt quatre autres bambins à la famille.

Le commerce et la vie familiale ne l'intéressaient guère. Après avoir nommé son premier fils Americus Vespucius, il se plongea dans la lecture d'ouvrages scientifiques, n'en sortant qu'à regret pour vendre des haricots en boîte et des chaussettes.

Il était fasciné par les espaces intersidéraux et acheta un télescope pour observer Jupiter par les claires nuits du Missouri. Il étudia des cartes et des dessins de Saturne et conclut que la présence d'anneaux autour de la planète confortait sa théorie des planètes creuses. Il s'éleva également contre la théorie de Sir Isaac Newton, déclarant que la gravité provenait de ce que l'atmosphère était « emplie de sphères microscopiques invisibles, pleines de ce fluide que les anciens appelaient éther ».

John Cleves Symmes

L'idée d'une planète creuse lui parut de plus en plus logique. Après tout, la nature n'avait-elle pas fait les os des animaux, la tige du froment et les cheveux complètement creux ? « Une masse nébuleuse en rotation, comme notre Terre pendant sa formation, n'a pu prendre la forme d'une sphère solide, mais d'une creuse », affirmait-il.

Il chercha dans les livres des preuves de ses dires. Les Babyloniens, pour commencer, croyaient que le monde était une montagne creuse entourée par la mer. Sous cette montagne se trouvait le séjour obscur des morts. Il lut aussi les écrits d'un certain professeur Burnet qui pensait que la Terre avait d'abord été un petit noyau recouvert d'une huile à laquelle le fluide interstellaire était venu s'accrocher, formant la croûte terrestre. Un autre professeur déclarait que notre globe était formé de différentes strates, comme les peaux d'un oignon, et un autre encore était persuadé qu'elle ressemblait à un œuf, avec coquille, albumen et jaune. Et il y avait ce savant allemand qui prétendait qu'il existait une autre planète au centre de la Terre, avec de la lumière et une population prospère. Mais ce qui le convainquit, finalement, ce fut d'apprendre que Halley, le grand astronome du XVIIe siècle, qui avait donné son nom à une comète, avait parlé de trois planètes tournant dans le vide sous la croûte terrestre.

Embrouillant tout ce qu'il avait lu, Symmes fut positif, il découvrirait cinq planètes dans le ventre de la Terre, qui s'emboîteraient les unes dans les autres comme un puzzle chinois. Chacune possédait une ouverture emplie d'une substance légère et élastique de la nature de l'hydrogène. Comme les courants océaniques s'engouffraient dans ces ouvertures, il lui suffirait de les suivre de planète en planète.

Au printemps 1818, il ne put se retenir plus longtemps. Le monde devait apprendre sa grande théorie et il lui fallait trouver de l'argent pour financer son expédition. Du petit poste perdu du Missouri, il expédia 500 missives annonçant son projet à des gens susceptibles de l'aider. Par prudence, il joignit à chaque lettre un certificat médical déclarant qu'il était sain d'esprit.

Comme il lui fallait bientôt s'adresser directement au public, il déménagea avec sa « petite » famille à Newport, Kentucky, où il pensait être plus près de ceux qui avaient argent et pouvoir. Il entreprit alors une tournée de conférences qui attira les foules. Ses auditeurs écoutaient bouche bée sa description des riches contrées qui attendaient sa venue. Symmes pensait qu'il découvrirait une nouvelle race humaine, sans cependant oser deviner à quoi elle ressemblerait.

Malheureusement, il se mettait dans des colères épouvantables à la première trace de moquerie et détestait les questions trop précises. Mais il produisit une formidable impression sur de nombreuses personnes, dont Richard M. Johnson, un député qui devait devenir plus tard vice-président des États-Unis. C'est d'ailleurs Johnson qui demanda au Congrès d'équiper deux navires pour Symmes. Il fut terriblement désappointé lorsque le projet fut rejeté, après discussion, comme étant « dément ».

Cela ne découragea absolument pas Symmes qui fournit toutes sortes d'arguments en faveur de son projet. Il expliqua, par exemple, que de nombreux explorateurs avaient parlé de courants d'air chauds qui faisaient fondre la glace du pôle, preuve évidente de l'existence de ces trous.

Quand les sceptiques lui demandaient comment il comptait voir dans le noir, il répondait que les rayons du soleil, se glissant dans les gouffres, devaient les éclairer un peu.

En 1823, Symmes se sentit de nouveau prêt à faire appel au public. Il avait réussi à faire signer une pétition à quelques centaines de personnes, dont certaines fort distinguées. Il y faisait remarquer que le commerce bénéficierait autant de ses découvertes que la science, ce qui encouragea sûrement Johnson à soutenir une nouvelle fois son projet. Il se trouva bien vingt-cinq *congressmen* pour l'approuver, mais la majorité le repoussa et il sombra dans l'oubli.

Symmes n'en continua pas moins ses conférences et eut la joie d'apprendre un jour que ses gouffres polaires étaient appelés maintenant « Trous de Symmes ». Mais le combat·avait été trop dur. Au beau milieu d'une de ses causeries, il tomba gravement malade. On le ramena chez lui et il y mourut le 29 mai 1829. Il n'avait que quarante-neuf ans.

Mais ses idées lui survécurent. Son fils, Americus Vespucius Symmes, rassembla tous ses écrits en un ouvrage qu'il publia sous le nom de *Théorie de Symmes sur les sphères concentriques et les vides polaires*. Il y croyait tant qu'il y ajouta une théorie de son cru. D'après lui, les dix tribus perdues d'Israël seraient retrouvées un jour dans les entrailles de la terre.

Jules Verne, toujours à la recherche d'une bonne histoire, s'empara avec délice de la Théorie de Symmes et en fit la base de son *Voyage au centre de la Terre*. Un de ses personnages, le docteur Clawbonny, remarque : « Il y a peu, on a même suggéré qu'il existait d'énormes gouffres aux pôles. On pense même que c'est de là que s'échappe la lumière qui forme les aurores boréales. Et vous pouvez y pénétrer pour vous rendre au centre de la Terre... » Finalement, au moyen de ce récit, il semble bien que Symmes ait quand même réussi son exploration historique, ne serait-ce que dans les pages d'un livre !

Joshua, « Empereur » des U.S.A.

Il abolit le Congrès et leva des impôts

L'Empereur recevait dans une chambre de location minable meublée d'un lit de camp, d'une table, d'une chaise, d'un tapis délavé et d'un lavabo fêlé. Ses insignes royaux étaient accrochés à des clous enfoncés dans les murs et des portraits de la reine Victoria et de l'impératrice Eugénie cachaient des taches d'humidité sur le papier peint.

Mais les nombreux visiteurs fréquentant la modeste pension de famille de San Francisco s'inclinaient ou faisaient la révérence. Et, quand l'Empereur s'indignait de l'état de l'Union et annonçait son intention d'abolir le Congrès, ils écoutaient poliment.

Car ils se trouvaient en présence de son Altesse Impériale Norton I, empereur des États-Unis d'Amérique, pas moins !

Joshua Abraham Norton avait quarante ans et venait de faire faillite lorsqu'il décida que l'Amérique courait au désastre et avait besoin d'être prise en main par un monarque autocratique et ferme. Comme personne ne paraissait capable de tenir ce rôle, il résolut de le jouer lui-même.

Un soir de septembre 1859, il rendit visite à l'éditeur du *San Francisco Bulletin* et lui laissa un document impressionnant dans lequel il se proclamait empereur des États-Unis. Son allure était si extraordinaire que l'éditeur publia la proclamation en première page.

Durant les vingt-et-une années suivantes, l'empereur Norton se complut dans les tâches qu'il s'était attribuées. Les habitants de San Francisco, d'abord étonnés et amusés, l'acceptèrent. Il déclara le Congrès aboli, comme il l'avait promis, fit imprimer ses propres obligations, leva des impôts et prit l'habitude d'assister aux réceptions diplomatiques auxquelles il n'était pas invité.

Large, barbu et digne, il parcourait les rues de San Francisco attifé d'un uniforme bleu pâle de l'armée, avec des épaulettes dorées et des boutons de cuivre, d'un chapeau haut de forme orné d'une plume verte et de bottes d'une pointure exceptionnelle, fendues sur le côté à cause de ses cors. Un lourd sabre acheté chez un forgeron local lui battait les talons.

Peu de gens savaient qu'il avait été un commerçant riche et perspicace.

Norton était né à Londres en février 1819. Lorsqu'il eut un an, son père, John, émigra en Afrique du Sud. Il y acheta de la terre et participa à la fondation de Port Elizabeth.

Sa ferme établie, John Norton devint entrepreneur de marine. Il prospéra et fut bientôt propriétaire de plusieurs navires. Joshua travailla pour lui, d'abord comme employé de bureau, puis en tant que commandant d'un vaisseau qui faisait le commerce entre Le Cap, le Chili et le Pérou.

L'Amérique du Sud plut à Joshua. Lorsque son père mourut et qu'il hérita de l'affaire, il la vendit et partit pour le Brésil.

Il aurait pu s'y établir et y finir ses jours dans la peau d'un commerçant fortuné, mais vint 1849 et la nouvelle d'une ruée vers l'or en Californie. Joshua toucha San Francisco avec 40 000 dollars d'économies dans sa malle, déterminé à se joindre à ceux qui se précipitaient vers les champs aurifères.

Après une rapide étude, il arriva à la conclusion qu'il valait mieux faire du commerce avec les chercheurs d'or que de s'échiner comme il voyait les autres le faire. Il ouvrit une affaire et y investit son capital.

Il commença à importer du charbon, des briques, du thé, de la farine et du bœuf, ne vendant que lorsqu'il y avait pénurie et faisant d'énormes profits. Il posséda bientôt 250 000 dollars dont il se servit pour acheter du riz, mais, en 1856, il fut mis en faillite.

A ce moment-là, il renonça au commerce. Il avait travaillé toute sa vie et il ne lui restait rien. Quittant son bel hôtel particulier, Joshua loua une chambre assez sordide et s'y enferma pour ruminer son infortune.

Heureusement, il lui restait un bien précieux : ses amis. Sa personnalité flamboyante faisait qu'on l'aimait. Même ses anciennes relations d'affaires ne l'oublièrent pas.

Mais, quand ils lui rendirent visite, ce fut pour découvrir qu'il ne pensait qu'aux ennuis de l'Amérique. Il ne parlait pratiquement que de ça. Il déclara à ses visiteurs que la guerre entre le Nord et le Sud serait inévitable si un homme à poigne ne prenait pas le pouvoir. Ceux-ci, en plaisantant, commencèrent à l'appeler « Empereur » et « Votre Majesté ». Il les prit au sérieux, rédigea sa proclamation et la porta à l'éditeur du *Bulletin*.

Bientôt, Norton apparut pour la première fois en habit de cour. Il portait toujours une rose à la boutonnière de son vieil habit et marchait d'un air majestueux. Par beau temps, il avait une canne ; quand il pleuvait, un parapluie chinois. Il était habituellement suivi de deux chiens bâtards et d'une horde de galopins.

Le gouvernement, disait-il, était submergé par la fraude et la corruption. En conséquence, il promulgua un édit : « Nous abolissons par le présent acte le Congrès, qui se trouve de ce fait aboli. » Vexé qu'on ne prête aucune attention à cet édit, il en promulgua un second dans lequel il abolissait aussi la République. C'est à cette même époque qu'il se proclama également « Protecteur » du Mexique.

Mais, pour changer le monde, il fallait des revenus. Joshua essaya donc de vendre des obligations décorées de son portrait. Voyant que cela ne marchait pas, il inventa un système de taxation. Les petits commerçants se virent réclamer 25 cents, les riches industriels 3 dollars. Certains jours, lorsque ceux qu'il visitait se montraient généreux, Joshua arrivait à se faire jusqu'à 25 dollars.

Dans la rue on le saluait, au restaurant on ne lui présentait que rarement l'addition, il ne payait pas l'autobus et recevait des places gratuites pour le théâtre. Un jour, pourtant, il fut arrêté pour vagabondage et dut passer la nuit en prison. Le lendemain, le chef de la police vint s'excuser et la presse protesta. Un éditeur écrivit : « Il n'avait pas fait couler de sang, n'avait volé personne... ce qui ne peut être dit de beaucoup de nos concitoyens. »

La crise majeure de son règne advint lorsque son uniforme commença à tomber en ruine. Il promulgua donc un autre édit : « Moi, Norton I, ayant entendu mes fidèles sujets se plaindre du mauvais état de ma Garde-Robe Royale... » Les tailleurs de la ville l'habillèrent sans trop se faire prier.

Joshua adorait écrire aux autres monarques et aux chefs d'État. Durant la guerre civile, en 1861, il proposa à Lincoln et à Jefferson Davis, président des Confédérés, de les rencontrer à San Francisco où il servirait de médiateur. Ils ne lui répondirent pas. Pendant la guerre franco-prussienne, il écrivit souvent à Bismarck pour lui donner des conseils.

Il avait toujours de nouvelles idées, la plupart peu pratiques ou carrément loufoques, mais l'une d'elles fit qu'on se souvient encore de lui. Ce fut, en effet, Joshua Norton qui suggéra le premier qu'on construise un pont suspendu dans la baie de San Francisco. Cinquante ans plus tard c'était chose faite.

Quand, en 1880, Joshua Norton s'évanouit dans la rue et mourut en grand uniforme, San Francisco prit le deuil. Des gens pleurèrent en lisant les titres des gazettes annonçant : « LE ROI EST MORT ». Après vingt et un ans, ils ne pouvaient imaginer leur ville sans lui. Plus de 10 000 loyaux sujets suivirent son cercueil de bois de rose. Joshua Norton aurait été satisfait de ses funérailles.

Elles furent dignes de celles d'un Empereur.

« Reine » des juifs

Lady Hester attendait le nouveau messie pour l'épouser

Coupée du monde dans un monastère isolé de la montagne libanaise, une des femmes les plus remarquables du siècle dernier attendait de devenir la Reine de Juifs.

Lady Hester Stanhope, naguère l'une des plus jolies femmes de Londres, avait été persuadée, par des diseurs de bonne aventure et autres charlantans, que tel serait son destin.

Les prédictions avaient commencé bien des années plus tôt, en Angleterre, et on les lui avait répétées plus tard en Orient. Des passages des Saintes Écritures et d'anciens manuscrits arabes lui avaient été montrés pour lui prouver qu'elle allait devenir la fiancée tant attendue du nouveau messie.

Transformée par des années de vagabondage exotique en Syrie, en Palestine et au Liban – sa vie d'aristocrate britannique devenue une chose du passé –, Lady Hester s'était mise à croire à ces prédictions.

Comment expliquer autrement son étrange destin ?

Des voyageurs, curieux, venaient la saluer dans le foyer qu'elle s'était créé dans le monastère abandonné et à moitié en ruine de Mar Elias le bruit ayant couru jusqu'en Angleterre que la fille de la célèbre famille Chatham avait abandonné sa vie d'Européenne et était devenue une légende au Proche-Orient.

Les visiteurs découvraient une femme sculpturale atteignant presque le mètre quatre-vingt, vêtue, comme un indigène, de pantalons d'homme, la tête rasée et couverte d'un turban. Durant la conversation, elle enfumait son vis-à-vis en tirant sans cesse sur son chibouk, une pipe turque à long tuyau.

Ils avaient du mal à croire qu'ils se trouvaient en présence de la nièce de William Pitt – dit le second Pitt – un des plus grands Premiers ministres britanniques. Elle avait été célèbre en jouant le rôle de maîtresse de maison, chez lui, à Walmer Castle, et en étant l'ornement des salons londoniens.

Maintenant, c'était une dame absorbée par l'Orient et obsédée par le mysticisme et l'astrologie. Elle avait de l'influence et un certain pouvoir sur les Arabes : leurs chefs la craignaient. Il faut dire qu'ils n'avaient encore jamais rencontré une femme pareille.

C'est en 1810, alors qu'elle avait trente-trois ans, que la vie en Angleterre lui devint insupportable. Il y eut d'abord la mort de son oncle chéri, Pitt, puis celle de son frère préféré, Charles. Et le tout fut suivi d'un chagrin d'amour.

Lady Hester décida alors de faire un long voyage en mer pour se remettre de ces tristes événements. Elle partit en compagnie d'un petit groupe d'admirateurs comprenant son médecin, le docteur Charles Meryon, et un jeune homme, nommé Michael Bruce, qui devint par la suite son amant.

Elle ne devait jamais revenir.

Avec ses amis, le temps passa agréablement. Ils arrivèrent à Athènes où, raconte-t-on, le poète Byron se jeta à la mer pour venir l'accueillir. Puis ils partirent pour Constantinople. Le Caire devait être leur troisième étape.

Ils prirent la mer, rencontrèrent des tempêtes épouvantables et firent naufrage sur les côtes de l'île de Rhodes, perdant tous leurs biens. Comme on ne trouvait pas d'habits européens sur l'île, tout le groupe se vêtit à l'orientale.

Lady Hester refusa de porter le voile ou d'adopter un costume féminin. Elle choisit des vêtements masculins, une longue robe, un turban et des babouches jaunes. C'est cette tenue qu'elle porta jusqu'à la fin de ses jours.

Quand elle atteignit Le Caire, sur une frégate britannique venue au secours des naufragés, elle s'équipa de neuf pour se présenter à son avantage devant le Pacha.

Dans ses mémoires, le Dr Meryon déclare qu'elle acheta une robe de velours pourpre incrusté de broderies d'or dont nous ne connaissons pas le prix, deux châles du Cachemire à 50 livres pièce, des pantalons brodés à 40 £, un gilet et une veste pour 50 £. Son sabre coûta 20 £ et sa selle 35 £. Et il fallut 100 livres de plus pour compléter l'équipement. Elle avait tant d'allure que, lorsqu'elle pénétra dans son palais, le pacha se leva pour l'accueillir.

Dépensant sans compter, Lady Hester se lança dans des voyages spectaculaires dans tout le Proche-Orient, galopant sur une magnifique selle égyptienne, le corps enveloppé d'une cape blanche. Elle fut reçue partout avec curiosité et un peu de crainte par des cheikhs qui la prenaient pour une princesse anglaise un peu bizarre et fabuleusement riche. Lorsqu'on lui disait qu'elle ne pouvait pénétrer dans certaines villes dévoilées, elle ignorait le conseil. Elle entra ainsi sans voile dans Damas, la cité musulmane la plus fanatique de l'époque.

Certains la prenaient pour un jeune homme imberbe, mais ceux qui se rendaient compte qu'ils avaient devant eux une femme étaient stupéfaits. Ils ne savaient que faire en sa présence. Heureusement, elle fut toujours traitée avec respect. A Jérusalem, elle fut même reçue par le gouverneur, et quand on sut qu'elle se rendrait au Saint-Sépulcre on lui ferma immédiatement la porte au nez pour la lui rouvrir aussitôt, ce qui était une marque de grand respect.

Petit à petit, Lady Hester commença à se prendre pour une sorte d'héroïne exotique au destin mystique. Ses amis l'appelaient en riant, la « Reine Hester » ; elle se mit à les croire. Sa retenue britannique fondit aussi vite qu'augmentait le coût de ses voyages. Mais sa gouvernante – une Mme Anne Fry, trop anglaise, pourtant, pour ne pas avoir détesté chaque minute de ces déplacements – lui resta fidèle.

Mais le plus grand voyage était encore à venir : la traversée du désert de Syrie, infesté de terribles Bédouins, pour se rendre à Palmyre. Lady Hestert se déguisa en Bédouin et monta une caravane fantastique avec vingt-deux chameaux pour porter ses montagnes de bagages. Un esclave noir armé d'une hache montait la garde devant sa tente le soir. Les chefs bédouins arrivèrent

Lady Hester Stanhope dans sa chambre à Djoun

de toutes parts pour voir cette femme « qui a le courage d'un lion et le regard d'un aigle ».

Sa réputation la précéda. A son arrivée à Palmyre, elle fut reçue comme une reine du désert et couronnée au cours

33

d'une fête païenne. Un peu comme si les prophéties se réalisaient.

En 1814, fatiguée de voyager, elle trouva le monastère abandonné de Mar Elias, au sommet d'une colline, près de Sidon, au Liban. Elle y créa un jardin magnifique et régla la vie de la maisonnée à la turque. C'est là que son influence sur ses voisins arabes commença de grandir. Lady Hester offrait l'hospitalité aux réfugiés quand il y avait des guerres de religion. Au cours des années, elle en abrita des centaines – le simple fait de les nourrir lui coûtait une fortune.

Lorsque Mar Elias devint trop petit pour ses réfugiés et que le fidèle Dr Meryon retourna enfin en Angleterre, elle déménagea pour Djoun, un autre monastère en ruine, plus éloigné dans la montagne et sans même un village dans son voisinage.

C'est de là qu'elle entretint une correspondance suivie avec certains des plus grands noms de l'époque. Les voyageurs, pour qui le nom de Hester Stanhope était devenu une légende, s'écartaient de leur route pour lui rendre visite. Beaucoup rapportèrent que son esprit vif se perdait dans ce désert. C'était pourtant une femme qui pouvait converser brillamment pendant huit à neuf heures, hypnotisant ses interlocuteurs.

Pendant toute cette période, elle continua à être extrêmement généreuse – en partie pour marquer son importance auprès de ses voisins, mais surtout parce qu'elle n'avait aucun sens de l'argent.

Certaine que le gouvernement britannique paierait les factures, elle monta une expédition extravagante à la recherche d'un trésor, prétendument enfoui dans la vieille cité d'Ascalon. L'expédition fut un échec et le gouvernement britannique ne se montra même pas intéressé.

Financièrement, ce fut la fin. Lady Hester était endettée jusqu'au cou et la pension qu'elle recevait d'Angleterre fut saisie pour payer ses créanciers étrangers. Commença alors un interminable procès avec Lord Palmerston, Premier ministre de la reine Victoria, l'homme qui avait ordonné la saisie.

Furibonde, elle écrivit à la reine, lui reprochant d'avoir permis à Palmerston de se conduire si mal avec elle. « On ne badine pas avec ceux qui ont du sang des Pitt dans les veines », dit-elle à sa souveraine.

Les années passant, elle devint de plus en plus excentrique. Maintenant, elle ne recevait de visiteurs qu'à la nuit. La tête enveloppée dans un cachemire, elle s'asseyait alors de façon que la lumière ne tombe que sur ses mains et son visage, seuls vestiges présentables de sa beauté passée.

La toiture fuyait, les serviteurs volaient tout ce qui avait encore un peu de valeur. Après l'action de Palmerston, Lady Hester fit condamner toutes les issues du monastère, n'en laissant qu'une pour permettre au bétail d'aller et venir.

Personne ne lui donnait plus du « Reine Hester ».

Elle mourut en paix à Djoun, en juin 1839, à l'âge de soixante-trois ans. Lorsque le consul de Grande-Bretagne arriva de Beyrouth pour s'occuper de ses affaires, il s'aperçut que trente-cinq pièces avaient été murées pour prévenir les vols. Il les fit ouvrir, espérant trouver des trésors, mais il n'y avait là que des vieilleries sans valeur.

La princesse et les pirates

Elle éblouit la société et captiva Napoléon

Un soir d'avril 1817, un prêtre du village d'Almondsbury, dans le Gloucestershire, ouvrit la porte de son cottage et aperçut une jeune femme. Elle était modestement vêtue d'une robe noire à col montant mais sa tête était enveloppée d'un turban et elle baragouinait une sorte de sabir incohérent qu'il ne comprenait pas.

Comme elle paraissait épuisée, il la laissa se reposer un moment chez lui avant de l'envoyer au brigadier du village qui s'occupait habituellement de tous les pauvres hères qui aboutissaient dans la paroisse. Celui-ci se montra aussi étonné que le prêtre.

Finalement, les deux hommes la mirent dans une carriole et la conduisirent à Knole Park, la demeure du magistrat et propriétaire terrien local, Samuel Worrall.

A la vue de la jolie maison, l'étrangère parut terrifiée. On ne put l'y faire pénétrer qu'après une bousculade, et il fallut que Mme Worrall, une femme bonne et maternelle, la calme personnellement.

L'étrangère était ravissante. Sa tête était petite et bien faite, ses yeux noirs et limpides. Lorsqu'elle souriait, ses lèvres pleines s'écartaient pour laisser entrevoir des dents d'un blanc éclatant, et quand elle s'énervait son teint de pêche devenait d'un rose délicat. Ses mains ne paraissaient pas accoutumées à de durs travaux et elle devait avoir à peu près vingt-cinq ans.

On décida de l'envoyer dormir à l'auberge en compagnie d'une domestique. Quand on lui servit à souper, l'inconnue refusa de se nourrir. Cependant, lorsqu'on lui donna du thé, elle l'accepta avec gratitude, se couvrit les yeux et marmonna une sorte de prière. Mais, une fois dans sa chambre, elle refusa obstinément de se coucher dans le lit, indiquant d'un geste qu'elle préférait passer la nuit sur le sol. Ce ne fut que lorsque la fille des aubergistes sauta plusieurs fois en riant sur le lit qu'elle accepta d'y passer la nuit.

Le lendemain, Worrall la trouva dans la salle commune de l'auberge, près de la cheminée, triste et sombre. Il la ramena alors chez lui pour le petit déjeuner. Comme c'était le Vendredi Saint, la cuisinière avait préparé des petits pains en forme de croix. L'inconnue, en les apercevant, en prit un, fit une croix dessus et le fourra dans sa poche. Était-il possible qu'elle soit chrétienne ?

Mme Worrall, revenant de la messe, s'approcha de son « invitée » et la fixa droit dans les yeux. « Ma fille, lui dit-elle d'un ton ferme, j'ai bien peur que vous ne vous moquiez de moi et suis sûre que vous me comprenez et pouvez me répondre. »

L'inconnue la fixa à son tour, sans paraître comprendre.

« Si c'est le cas, poursuivit Mme Worrall, et que vous jouiez cette comédie parce que vous vous trouvez dans la misère, je vous donnerai de l'argent et des vêtements et vous laisserai partir sans rien en dire aux autres. Mais, à condition que vous me disiez la vérité. »

L'autre ne comprenait toujours pas.

Mme Worrall eut alors une idée de génie. Elle se frappa plusieurs fois la poitrine en criant : « Worrall ! Worrall ! ». La jeune femme sourit, frappa la sienne et cria : « Caraboo ! Caraboo ! »

Penant les dix semaines qui suivirent, Caraboo fit la loi. Les Worrall furent assiégés par leurs amis et relations, beaucoup amenant des visiteurs étrangers. Parmi eux, un Portugais de Malaisie annonça triomphalement que Caraboo était une princesse qui avait été kidnappée par des pirates et transportée contre son gré en Angleterre. Son langage était un mélange de dialectes parlés sur les côtes de Sumatra !

Ses admirateurs furent très impressionnés. Mais ce fut un autre voyageur, un ami des Worrall, qui, à l'aide de gestes, de mimiques et d'un charabia qu'elle semblait connaître, lui arracha le récit de ses aventures. Elle était originaire, dit-il, de Javasu, une île de l'Insulinde. Son père, Jessu Mandu, était un Chinois de haute caste, si respecté qu'on se mettait à genoux pour s'adresser à lui. Pour ses déplacements, il était promené dans une chaise à bras par les « macratoos », les hommes du commun, et il portait comme ornement de tête une pépite d'or avec trois plumes de paon. Il avait quatre femmes et Caraboo était la fille de la favorite, une belle Malaise qui se teignait les dents en noir et portait des bijoux dans ses narines.

Un jour, Caraboo se promenait dans les jardins de son père avec trois servantes lorsqu'elle fut enlevée par des pirates. Son père les avait poursuivis mais ils s'étaient enfuis avec leur captive. Après onze jours de mer, ils l'avaient vendue au capitaine du navire le *Trappa Boo,* qui était un homme terrifiant ! Au bout de plusieurs mois de navigation, le bateau avait longé les côtes de l'Angleterre et Caraboo, désespérée, s'était jetée à la mer et avait nagé jusqu'au rivage.

Au moment de son évasion elle était vêtue de soie, mais elle avait échangé sa belle robe brodée contre un simple habit noir et un châle qu'elle avait noué autour de sa tête à la manière d'un turban. Puis elle erra six semaines dans la campagne en mendiant et couchant dans des granges, jusqu'à ce qu'elle arrive à Almondsbury.

Les Worrall, de plus en plus impressionnés, adoptèrent donc leur royale invitée.

Celle-ci tranchait énormément par son allure lorsqu'elle se promenait sur les pelouses britanniques. A l'aide d'un coupon de calicot, elle se confectionna un vêtement aux manches si longues qu'elles traînaient sur le sol. Elle allait pieds nus, la tête couronnée de plumes et de fleurs.

Parfois elle transportait un gong, le frappant fort et, souvent, d'autres fois, elle jouait du tambourin. Armée d'un arc et de flèches, elle arpentait le domaine, telle une Diane chasseresse.

La « Princesse Caraboo »

Bien sûr, on la laissa préparer ses repas. Caraboo appréciait particulièrement le riz et le curry de légumes. Elle ne mangeait presque pas de viande et ne buvait que de l'eau et du thé. Elle refusa de manger du pigeon préparé à la cuisine mais en attrapa un, lui coupa la tête – qu'elle enterra –, le pluma, le fit rôtir et le dévora.

Elle paraissait profondément religieuse. Quand on lui présenta l'image d'une idole des mers du Sud, elle la jeta au sol et fit comprendre à ses interlocuteur qu'elle adorait Allah-Tallah, le vrai Dieu. Elle disait ses prières matin et soir et construisit un temple dans les buissons, se perchant sur son toit pentu tous les mardi pour prier.

Les semaines passèrent, et les Worrall devinrent un peu nerveux. Personne, en effet, ne savait ce que Caraboo allait inventer. Adorant se baigner, elle se jeta un jour dans le lac toute vêtue. Elle se lavait aussi le visage dans le bassin aux poissons rouges.

Puis, un beau soir de juin, Caraboo disparut. Elle n'emporta rien qui ne fut à elle, laissant les cadeaux qu'elle avait reçus dans sa chambre.

Au bout de quelque temps, Mme Worrall découvrit que sa protégée avait été aperçue à Bath. Elle se lança à sa poursuite. Apprenant que Caraboo avait été recueillie par une dame de la bonne société, elle arriva à l'heure du thé chez celle-ci pour y trouver la princesse entourée d'une horde d'admirateurs élégants. Apercevant Mme Worrall, Caraboo se jeta à ses pieds, la supplia de lui pardonner et lui expliqua qu'elle s'était enfuie dans l'espoir de trouver des gens qui la ramèneraient dans son pays.

Mme Worrall, plus déterminée que jamais, reprit le chemin de son logis avec sa princesse. Mais la vérité n'allait pas tarder à éclater.

Des descriptions enthousiastes de la jeune et exotique étrangère commencèrent à paraître dans les gazettes et, en particulier, dans le *Bristol Journal*. Celui-ci tomba entre les mains de la propriétaire d'une pension de famille, Mme Neale. Quand elle lut l'histoire de la princesse de Javasu, cela lui rappela des souvenirs. Cette Caraboo ressemblait furieusement à une jeune excentrique qui avait vécu chez elle quelques mois plus tôt.

Désirant en avoir le cœur net, Mme Neale alla voir Caraboo. Là, en présence de Mme Worrall, elle s'exclama : « C'est Mary Baker ! »

Caraboo éclata en sanglots et avoua tout. Elle était la fille d'un pauvre cordonnier du Devon et n'avait, de sa vie, quitté l'Angleterre.

Son histoire a été racontée dans un petit livre paru en 1817 sous le titre : *Caraboo, histoire d'une curieuse imposture pratiquée à l'encontre d'une lady charitable.* C'était le récit de la vie d'une personne délicieusement excentrique.

Caraboo, de son vrai nom Mary Wilcocks, était née à Witheridge, un village voisin de Crediton, dans le Devonshire, en 1791. Ses parents étaient des gens pauvres et respectables qui faisaient ce qu'ils pouvaient pour nourrir leurs nombreux enfants. Mary fut abandonnée à elle-même jusqu'à l'âge de huit ans, où on lui apprit à filer la laine.

A seize ans, ses parents lui trouvèrent un emploi stable dans une ferme voisine. Là, elle s'occupait des enfants et travaillait de ses mains. Mais elle avait la tête pleine de rêves. Ses jours de sortie, elle se prétendait espagnole ou française. Un jour, elle se déguisa en gitane et eut l'air si authentique que son employeur ne la reconnut pas.

Après deux années d'un salaire misérable, Mary demanda une augmentation. Le fermier refusa et elle rentra chez ses parents, où son père la fouetta cruellement avec une lanière de cuir. C'était plus qu'elle n'en pouvait supporter, elle s'enfuit.

Elle chercha du travail, en trouva épisodiquement. Entre deux emplois, elle mendiait et couchait dans les granges. Une fois, elle se joignit même à une tribu de romanichels. Mais cette vie ne lui convenait pas. Tombée gravement malade, elle fut hospitalisée au St Giles Hospital de Londres où elle faillit mourir.

Guérie, elle se plaça chez un Mr Matthews et sa femme qui vivaient dans une belle maison à Clapham Place. Son employeur lui apprit à lire et à écrire, l'autorisant même à utiliser sa bibliothèque. A partir de ce moment-là, Mary passa tous ses loisirs à dévorer des livres décrivant la vie des contrées lointaines, leurs coutumes exotiques et les aventures romantiques qu'on pouvait y vivre.

Au bout de trois ans, on la renvoya et elle reprit sa vie vagabonde. Pendant un certain temps, pour se protéger des voleurs et autres assassins qui infestaient les landes autour de Londres, elle s'habilla en homme, se coupant les cheveux pour passer plus facilement pour un adolescent.

Reprenant des atours féminins, Mary trouva du travail comme servante chez la femme d'un poissonnier, dans Dark House Lane, à Billingsgate. La seule chose qui rendait l'emploi supportable était qu'on l'envoyait souvent faire des courses. Dans une librairie, elle tomba sur un étranger bien vêtu qui se présenta comme étant Herr Bakerstendht (nom qu'elle raccourcit en Baker). Il lui dit qu'il avait beaucoup voyagé en Asie, puis ne tarda pas à lui avouer son amour. Au bout de deux mois, ils convinrent d'une sorte de « mariage ». Mais Baker dut partir en voyage, à Calais. Il lui promit de l'envoyer chercher et, évidemment, ne tint pas parole. Elle ne le revit jamais.

A partir de cet instant, elle se réfugia dans ses rêves, devenant éventuellement la princesse Caraboo de Javasu.

Beaucoup rougirent lorsque la vérité fut connue. Mais, comme Mary était une jeune femme remarquable, on se pressa pour faire sa connaissance. Elle reçut alors beaucoup de visites, particulièrement de linguistes qui mouraient d'envie d'apprendre comment elle avait réussi sa supercherie.

Son « langage » avait été fabriqué à partir de quelques mots de malais et d'arabe qu'elle avait appris de Baker, plus quelques phrases ramassées dans un campement de romanichels. Quant à ses connaissances de l'Asie, elle les devait uniquement aux livres.

Lorsque la bonne Mme Worrall, revenue du choc, lui proposa de l'aider, Mary lui avoua qu'elle rêvait d'aller vivre en Amérique. La femme du magistrat l'habilla, lui donna de l'argent et retint sa place sur un navire qui n'allait pas tarder à quitter Bristol, la confiant pour la traversée à un groupe de missionnaires.

Mais notre histoire ne s'arrête pas là. Le 13 septembre 1817, le *Bristol Journal* publia une lettre de Sir Hudson Lowe, gouverneur de Sainte-Hélène, île où Napoléon était prisonnier.

Il racontait que durant une tempête il avait aperçu un navire s'approchant du rivage. Le vent avait forci et le navire dut modifier sa route et s'éloigner. C'est alors qu'une petite embarcation s'en détacha. Sir Hudson descendit sur la plage et regarda une « femme de belle apparence » gagner la plage. Il s'agissait de Mary Baker.

Elle avait ressenti un ardent désir de rencontrer Napoléon, lui expliqua-t-elle. Voyant que le navire ne pouvait approcher à cause du vent, elle avait sauté dans un canot et ramé jusqu'au rivage.

Sir Hudson la présenta à Napoléon sous le nom de princesse Caraboo et elle reprit sa comédie comme si elle n'avait jamais été démasquée. L'Empereur, captivé, demanda même qu'on lui donne un appartement dans sa maison.

Mary Baker avait le génie de faire croire aux hommes ce qu'ils désiraient entendre. Personne ne sut jamais comment se termina son aventure avec Napoléon. C'est la dernière fois qu'on entendit parler d'elle. Mais, quelques années plus tard, on raconta qu'elle avait été aperçue à Londres, vendant des sangsues...

Les hauts et les bas des tours de Beckford

Ses immeubles s'élevaient vers le ciel et s'écrasaient au sol

William Beckford adorait construire des tours. Mais ses talents le portaient plutôt vers le métier de démolisseur. Tout ce qu'il bâtissait s'écroulait un jour ou l'autre. En 1795, il engagea une armée d'ouvriers pour travailler à ce qui fut appelé la plus grande « folie » architecturale d'Angleterre, la tour de l'abbaye de Fonthill, sur le domaine de sa famille, près de Hindon, dans le Wiltshire.

Elle s'éleva jusqu'à 90 mètres, aussi haut que la flèche de la cathédrale de Salisbury. Mais au premier gros coup de vent elle oscilla, se cassa net en deux et s'écrasa au sol.

Beckford déclara que son plus grand regret était de ne pas avoir été là pour assister au spectacle.

Tout ce que cet homme brillant et impulsif entreprenait devait être achevé à la va-vite. Même ses innombrables actes de charité étaient accomplis immédiatement, avant qu'il ne puisse changer d'avis.

Il n'en avait toujours fait qu'à sa tête, et cela depuis sa plus tendre enfance. Fils d'un commerçant prospère qui fut deux fois Lord Maire de Londres, il fut élevé dans le luxe, comme un prince. Il étudia l'arabe et le persan sous la direction de lettrés fameux, reçut des leçons de piano de Mozart et d'architecture de Sir William Chambers – celui qui dessina Somerset House à Londres.

Lorsque son père mourut, en 1770, Beckford n'avait que dix ans, ce qui ne l'empêcha pas d'hériter de 1 million de livres en liquide, de propriétés en Angleterre et de vastes plantations de sucre à la Jamaïque. Ses revenus atteignaient 100 000 livres par an, une somme fantastique pour le XVIIIᵉ siècle.

Il passa son adolescence à voyager en Europe avec une foule de domestiques et ses propres musiciens. On raconte même qu'il eut, un temps, une maîtresse d'un certain âge à Venise, une femme qui avait été l'amante de Casanova.

Mais Beckford ne fut jamais un oisif. Il écrivait énormément et produisit un grand nombre de livres. A vingt et un ans, il publia son chef-d'œuvre, un roman oriental très original, *Vathek*. Évidemment, il y travailla très vite, le rédigeant en français, d'une seule traite, en trois jours et deux nuits.

« Je n'ai même pas pu retirer mes vêtements de tout ce temps, dit-il plus tard. Je travaillai tant que j'en tombai gravement malade. »

Il adorait tout ce qui était mystérieux et étrange et s'inspira des grands monastères médiévaux qu'il visita pendant ses voyages, surtout en Espagne et au Portugal.

En 1795, après des années d'errance, un mariage tragiquement court et un scandale impliquant un beau jeune homme, Beckford se coupa du monde et s'établit sur le domaine familial, à Fonthill. Là, il décida de bâtir une abbaye gothique à une échelle inconnue en Angleterre, avec une tour colossale.

Avant que les travaux ne commencent, il fit édifier un mur autour du domaine pour en écarter les badauds et les voisins. Il mesurait 3,5 mètres de hauteur et 11 kilomètres de longueur. Beckford engagea ensuite un grand architecte, James Wyatt, et on commença immédiatement à bâtir la tour. Comme notre excentrique avait proclamé partout qu'il désirait vivre dans la plus grande résidence privée d'Angleterre, et, ce, à n'importe quel prix, les cyniques prétendirent qu'il s'élevait un monument à lui-même.

La vérité est que Beckford avait le virus des bâtisseurs dans le sang et qu'il voulait voir ses rêves romantiques prendre forme.

Dès le début, son impatience fut évidente. Il ne voulut pas attendre qu'on creuse des fondations convenables, insistant pour qu'on utilise celles prévues pour la construction d'un petit pavillon d'été. Les entrepreneurs protestèrent mais il leur ordonna de poursuivre, ignorant totalement les plans de l'architecte.

Il y eut aussi des protestations concernant les matériaux. Au lieu de pierres et de briques il ordonna qu'on emploie des madriers et du ciment pour aller plus vite.

500 ouvriers travaillèrent sur le chantier, la moitié de jour, les autres à la lumière des torches. A un certain moment, pensant que le travail ralentissait, Beckford débaucha 460 hommes occupés à bâtir la chapelle Saint-George à Windsor. Malheureusement, désireux de les encourager, il doubla leur ration d'ale, ce qui fit que ces hommes furent bientôt trop ivres pour apercevoir le mur sur lequel ils travaillaient.

Les fermiers des environs se plaignirent amèrement lorsqu'il loua toutes les charrettes de la région pour transporter ses matériaux de construction. Toutes les femmes en furent paralysées. Mais Beckford utilisa les mêmes voitures pour

Fonthill Abbey

distribuer du charbon et des centaines de couvertures aux nécessiteux.

Quand, au bout de six longues années l'ouvrage fut terminé, Beckford ne fut pas le seul à pousser un soupir de soulagement.

Puis la tour s'écroula dans un grondement de tonnerre.

N'étant pas homme à perdre son temps, Beckford demanda immédiatement aux entrepreneurs de construire une nouvelle tour sur les décombres de l'autre. On ajouta de la pierre pour la rendre plus solide et elle fut achevée en sept ans.

L'abbaye elle-même était un bâtiment d'une éblouissante grandeur médiévale. Ses grandes salles et ses galeries furent décorées en rouge, or et mauve. L'argent brillait partout. Mais les chambres à coucher étaient petites, sombres et mal ventilées et il n'y en avait qu'une seule occupée la plupart du temps : celle de Beckford, qui y vivait dans une simplicité monastique. Il y était servi par un nain espagnol vêtu d'une livrée.

Beckford ne recevait pratiquement jamais de visiteurs, mais chaque repas était prévu pour douze personnes, ce qui ne l'empêchait pas de manger seul un plat tout simple et de renvoyer le reste aux cuisines.

L'abbaye, de son vivant, ne fut ouverte qu'une fois aux visiteurs. En 1800, lorsqu'il offrit une fastueuse réception à Lord Nelson et à Lady Hamilton. Le biographe de Beckford, Cyrus Redding, a raconté comment les invités furent escortés de Fonthill House à l'abbaye par une fanfare militaire interprétant des marches solennelles. La route serpentait au milieu d'une forêt de pins et de sapins illuminés par d'innombrables lampions. Soudain, la folie de Beckford apparut et tous se turent, stupéfaits.

On les introduisit dans un grand salon décoré de tapisseries rares et meublé de chaises d'ébène et de tables marquetées d'ivoire. Le dîner fut servi dans de la vaisselle en argent, à la manière d'un banquet médiéval. La scène était éclairée par de hautes chandelles et les serviteurs portaient des habits vaguement ecclésiastiques. Les invités furent paralysés par ce spectacle.

LES HAUTS ET LES BAS DES TOURS DE BECKFORD

Beckford avait juré qu'il ne prendrait son repas de Noël que s'il était préparé dans les cuisines de l'abbaye, les ouvriers se remirent au travail, non sans protester qu'ils n'y arriveraient jamais. Bien entendu, tout fut prêt le soir du réveillon. Les maîtres queux s'activèrent aussitôt en essayant d'oublier que les briques n'avaient pas eu le temps de se stabiliser, – pas plus que les poutres – et que le ciment était encore frais. Mais Beckford eut son dîner. C'est alors que, au moment où les serviteurs longeaient les corridors, on entendit un craquement, puis un bruit terrible : les cuisines venaient de s'effondrer !

Beckford les fit reconstruire, ainsi que la tour, et vécut à Fonthill jusqu'en 1822, année où le marché du sucre s'effondra et le laissa dans une situation financière délicate. Il fut forcé de vendre le domaine à un marchand de munitions nommé John Farquhar qui l'ouvrit au public, lequel s'y précipita. Farquhar n'eut pas le temps de visiter son acquisition avant que l'inévitable advienne. Une nuit de grand vent, tout s'écroula de nouveau.

Pendant ce temps, Beckford avait acheté deux délicieuses maisons dans la fameuse ville d'eau de Bath. Elles étaient séparées par une allée mais il décida de les relier par un pont. Elles furent meublées avec les plus belles pièces amenées de Fonthill. Tout aurait été parfait s'il n'y avait manqué un petit quelque chose. Il n'y avait pas de tour !

Beckford engagea immédiatement un jeune architecte de Bath pour qu'il dessine une retraite élevée sur les pentes rocailleuses de son nouveau domaine. Entre la tour et les maisons il fit installer des jardins, important des arbres déjà adultes et transformant complètement le paysage.

Mais Beckford avait retenu sa leçon. Pour une fois, il ne se montra pas pressé et se contenta d'une tour de quarante mètres. Il en profita vingt ans et y mourut en paix en 1844, à l'âge de quatre-vingt-quatre ans.

Et la tour de Beckford se dresse encore dans le ciel de Bath aujourd'hui.

Le duc qui détestait la lumière

Il fit creuser 24 km de galeries sous son domaine

Semblable à une taupe se cachant de la lumière du jour, William John Cavendish Bentinck Scott, cinquième duc de Portland, disparut sous terre quand il hérita de Welbeck Abbey dans la région des duchés du Nottinghamshire.

La plupart des membres de la famille Portland n'avaient pas Welbeck en très haute estime. Mais c'était encore trop haut pour William John, qui, après en avoir hérité en 1854, passa le reste de sa vie à s'y enfouir.

Il détestait rencontrer des gens et n'invitait jamais personne chez lui ; pourtant, il se lança dans la construction d'un vaste complexe de chambres souterraines comprenant la plus grande salle de bal du pays, une bibliothèque de 76 mètres, une immense serre à toiture vitrée et une salle de billard assez grande pour contenir une douzaine de tables.

William John était fou de galeries. Il en fit creuser 24 km sous son parc pour relier les chambres souterraines entre elles et au reste de l'abbaye. Un tunnel de 2 kilomètres de longueur allait de la remise pour voitures à Worksop, lui permettant de se déplacer incognito lorsque l'envie le prenait de partir pour Londres en train. Il était assez large pour que deux voitures y roulent de front et était éclairé par des jours dans le plafond, ou par des centaines de becs de gaz, la nuit.

L'histoire de ce duc excentrique et solitaire, que presque personne n'aperçut durant sa vie, sauf ses ouvriers, est une des plus étranges qu'on puisse trouver dans celle de l'aristocratie britannique.

Né en 1800, il vécut une jeunesse normale, fréquentant la bonne société de Londres, recevant son brevet dans un régiment à la mode et même, pendant un certain temps, servant le roi au parlement. Mais il n'appréciait guère la compagnie des femmes et se montra un célibataire endurci. Graduellement, sa timidité maladive, probablement héritée de sa mère, submergea sa personnalité entière.

De son installation à Welbeck à sa mort, il fit tout son possible pour éviter le contact de son prochain. Il dépouilla les grandes salles de l'abbaye de tout ce qui en faisait le charme, tapis, mobilier et tableaux, et entassa tout cela n'importe où. Puis il se retira dans trois ou quatre pièces simplement meublées, dans l'aile ouest, où il travailla aux plans de ses galeries.

La porte de chaque membre était équipée de deux boîtes aux lettres, une pour le courrier en partance, l'autre pour celui qui arrivait. Son valet était le seul serviteur autorisé à l'approcher. Lorsqu'il tombait malade et avait besoin de soins médicaux, on demandait au docteur de rester dehors tandis que le valet prenait le pouls du duc et le communiquait ensuite au docteur.

Une telle discrétion conduisit aux rumeurs les plus folles. Certains dirent qu'il avait une hideuse maladie de peau, d'autres affirmèrent qu'il était fou à lier. Mais en observant la photographie qu'il accepta qu'on prenne un jour de lui – photo très victorienne avec chapeau haut-de-forme et gants posés sur la table –, on remarque que c'était un homme agréable à regarder, avec une bouche généreuse, un grand nez et des favoris fournis de chaque côté du visage. Mr F.J. Turner, le régisseur de Welbeck, qui l'avait certainement aperçu, déclara que le cinquième duc était « extrêmement beau, bon et intelligent ».

Pendant des années, William John fut absorbé par la construction des chambres souterraines et des galeries. Il n'était pas question de confort et le domaine ressembla très vite à un chantier gigantesque, avec ses montagnes de décombres, ses charrettes et son outillage répandu partout. Cette passion pour la brique et le mortier venait probablement d'une lointaine ancêtre, Bess of Hardwick, cette formidable dame élisabéthaine qui fit construire quelques-unes des plus grandes demeures d'Angleterre.

Tout ce que cet homme entreprenait l'était sur une grande

William John Cavendish Bentinck Scott, cinquième duc de Portland

échelle. Des centaines d'ouvriers travaillaient en même temps sur le chantier. La salle de bal souterraine mesurait 53 mètres de longueur sur 20 mètres de large, et un ascenseur hydraulique permettait à vingt personnes d'y arriver à partir de la surface. Deux mille personnes auraient pu danser à l'aise sous les lustres géants et le plafond peint représentant un coucher de soleil.

Pourquoi cet homme solitaire fit-il construire une salle de bal ? Sans doute parce qu'il aurait aimé vivre autrement, recevoir. Mais il n'en eut jamais le courage.

Le duc était grand connaisseur en chevaux. Il en possédait une centaine dans ses écuries, qu'il ne monta jamais. Il y avait pourtant un manège sur la propriété, le deuxième plus grand du monde, éclairé par 4 000 becs de gaz.

Pour quelque obscure raison William John fit repeindre les pièces vides de l'abbaye en rose, et dans un angle de chacune d'elles, il fit installer une cuvette de WC.

Les travaux progressaient rapidement et il fut forcé d'entrer en contact avec ses ouvriers. Mais ceux-ci reçurent des ordres stricts. Ils ne devaient, sous aucun prétexte, montrer qu'ils le reconnaissaient. Si un homme le saluait, il était immédiatement congédié. On recommanda à ses employés de passer devant lui « comme s'il s'agissait d'un arbre ».

Le duc ne sortait qu'au milieu de la nuit. Il se faisait alors précéder d'une servante portant une lanterne. Celle-ci ne devait ni lui parler ni se retourner.

William John s'habillait de façon singulière. Parfois, au cœur de l'été, il portait un long manteau couleur sable. En d'autres occasions, il enfilait trois costumes l'un sur l'autre. Ses pantalons étaient toujours attachés à la cheville avec de la ficelle. Quel que soit le temps, il transportait avec lui un lourd manteau et une vieille ombrelle. Si quelqu'un faisait mine de s'approcher pour lui parler, il jetait aussitôt le manteau sur ses épaules et se cachait le visage à l'aide de l'ombrelle. Un beau jour, il se mit à porter une perruque brune (il en avait plusieurs boîtes dans sa chambre) sur laquelle il posait un chapeau haut de forme de 50 cm de hauteur.

Il ne mangeait que du poulet. Pendant des années, on lui en tua un chaque jour. Il était préparé dans les cuisines de l'abbaye, à la surface, puis descendu sur un chariot chauffé monté sur rail qui empruntait un tunnel, avant d'être remonté dans la maison.

Malgré ses habitudes étranges, c'était un bon employeur. Ses ouvriers recevaient de larges salaires. On leur donnait en plus un parapluie pour se protéger de la pluie et un âne pour venir travailler.

Dans le jardin de Welbeck se trouvait une patinoire. Là, un homme veillait à l'entretien d'innombrables paires de patins de toutes tailles. Le duc avait décidé que l'exercice était bon pour la domesticité et, tous les jours, qu'elles le veuillent ou non, les femmes de chambres devaient patiner.

Les fermes, les écoles et les routes du domaine étaient parfaitement entretenues, et ses serres étaient parmi les plus belles du pays. Il fit planter des allées d'arbres fruitiers et un immense potager.

Lorsque le duc décidait de se rendre à Londres, son départ était tenu secret. Il quittait Welbeck en empruntant un tunnel, dans une voiture noire tirée par des chevaux noirs. Des rideaux verts en dissimulaient les fenêtres. A la gare de Worksop, sa seigneurie restait dans la voiture pendant qu'on la chargeait sur un wagon-plate-forme, et il y demeurait durant tout le trajet. A son arrivée à Harcourt House, sa résidence londonienne de Cavendish Square, les serviteurs s'éloignaient pendant qu'il sortait de la voiture et se précipitait dans son bureau. Pour renforcer encore son intimité, des écrans avaient été érigés tout autour du jardin, amenant certains voisins, torturés par la curiosité, à penser que des orgies y avaient lieu.

Le duc mourut brusquement dans sa quatre-vingtième année en décembre 1879, laissant l'abbaye dans un chaos indescriptible. Lorsque son héritier, un cousin, arriva avec sa famille pour prendre possession des lieux, il fallut recouvrir les allées de planches pour que sa voiture puisse passer, tant elles étaient crevassées et couvertes de débris. On ouvrit la grande porte et le sixième duc s'aperçut avec horreur qu'il n'y avait pas de plancher dans l'entrée. Ensuite il découvrit les chambres roses avec les cuvettes de W.C. Et, pour couronner le tout, on lui montra l'ameublement précieux du domaine entassé n'importe comment dans des remises, les tapisseries dans des cantines métalliques, les portraits des ancêtres appuyés contre un mur, sans cadre.

Mais, après l'enterrement, on commença à murmurer dans Londres. Le duc avait-il mené une double vie ? Rien n'aurait été plus facile pour lui. Il allait et venait sans qu'on s'en aperçoive et très peu de gens savaient à quoi il ressemblait. D'ailleurs des rumeurs couraient déjà dans tout Londres depuis des années.

C'est ainsi que débuta « l'affaire Druce », un scandale qui alimenta la bonne société en ragots pendant une décade. Une veuve, Anna Maria Druce, qui vivait au 68 Baker Street, à Londres, affirma que feu le duc n'était autre que son cher mari, Thomas Charles Druce, propriétaire du Bazar de Baker Street.

Druce était officiellement mort en 1864, mais sa « veuve » expliqua que ces funérailles n'étaient qu'une farce, le duc, fatigué de mener une double vie, ayant regagné définitivement l'abbaye. Elle réclamait donc pour son fils le titre et les domaines de la famille Portland.

Le sixième duc traita cette revendication avec un « mépris souverain », mais il se trouva suffisamment de spéculateurs pour réunir les 30 000 livres qui permirent aux Druce de faire un procès qui dura des années.

Lorsque les adversaires se présentèrent enfin devant le tribunal, la famille Druce et ses supporters commirent tant de parjures que le cas devint un sujet de plaisanterie dans tout le royaume. Finalement, en 1907, on décida d'ouvrir la tombe de Thomas Druce, à Highgate. On l'y trouva, « âgé et barbu », reposant en paix.

Le procès sombra dans le ridicule et s'arrêta là. Les tricheurs, démasqués, furent priés d'aller se faire oublier ailleurs, tandis que le cinquième duc pouvait enfin glisser vers un anonymat qu'il avait appelé toute sa vie de ses vœux.

L'amoureux prince Pickle

Des lettres enflammées, pouvant resservir au besoin

Pour le prince Pückler-Muskau, un aristocrate allemand follement romantique, être amoureux était aussi nécessaire que de pouvoir respirer. On raconte qu'il tombait amoureux « du moindre jupon croisant sa route ». Mais il fut surtout célèbre pour sa correspondance. Après sa mort on trouva une bibliothèque entière pleine de lettres d'amour, la plupart rédigées dans un français pompeux, toutes parfaitement conservées et débordant d'adoration, d'extase ou de chagrin. Chaque lettre était accompagnée de son brouillon, afin « qu'il soit utilisé de nouveau au besoin ».

Le bouillant prince possédait une vitalité magnétique et ses yeux d'un bleu profond paraissaient hypnotiser ses victimes. Des rivaux jaloux, cependant, firent courir la rumeur qu'il était souvent paralysé au moment de prouver son ardeur.

Pückler était un auteur doué, un voyageur audacieux et l'un des plus grands créateurs de jardins d'Europe. Mais l'amour se glissait dans tout ce qu'il entreprenait. Il tomba, par exemple, passionnément amoureux de sa traductrice anglaise, Sara Austin, sans même l'avoir jamais rencontrée. La pauvre femme, épouse et mère, fut pratiquement séduite par l'intermédiaire de la poste ! « La nuit dernière j'ai rêvé de vous. Un rêve qui m'a ravi. Oh, ce songe ressemblait tant à la vie ! J'y pressais votre délicieuse silhouette sur mon cœur dans un élan de folie délirante. Je sentais vos baisers brûlants sur mes lèvres assoiffées... » Pückler délirait ainsi pendant des pages. Quant à Sara, elle en fut prostrée, tant par un sentiment de culpabilité que par la fatigue nerveuse.

Son Altesse Hermann Ludwig Heinrich Pückler-Muskau, fils unique de Graf von Pückler et de sa femme-enfant Clémentine, eut une enfance misérable et solitaire. Il naquit en octobre 1785, alors que sa mère, une adolescente frivole, n'avait que quinze ans. Son père l'ignora froidement et ses seuls compagnons furent des domestiques ou des ouvriers du domaine.

A quinze ans, il tomba amoureux de sa mère, maintenant plus mûre et fascinante. Celle-ci, après avoir divorcé de son père, s'était remariée, ce qui ne l'empêchait pas de revenir à Muskau avec son nouvel époux à la traîne. La passion de son fils toucha sa vanité et elle ne fit rien pour le décourager. Il en souffrit terriblement.

A l'université de Leipzig, le jeune homme passa son temps à jouer et découvrit les joies d'une vie dissolue. Il y fit naturellement des dettes et se retrouva aux mains d'usuriers. Mais étudier le droit l'ennuyait, aussi s'enfuit-il pour Dresde où il s'engagea dans un célèbre régiment de cavalerie dont il fut rapidement nommé capitaine. Un jour, pour impressionner une jeune femme, il sauta avec son cheval par-dessus le parapet d'un pont enjambant l'Elbe. Une autre fois, il pénétra au galop dans un casino, joua et gagna sans quitter sa selle puis repartit de la même façon.

En 1804, comme ses dettes devenaient trop criantes, il dut démissionner et aller vivre plus modestement à Vienne. Quand son père lui coupa les vivres, le jeune Pückler renvoya ses serviteurs, vendit son carrosse, sa montre en or et son sabre, commença à payer ses créanciers et loua un grenier où il vécut pauvrement.

A cette époque, un jeune homme se devait de faire une sorte de tour d'Europe. Son père ne voulait toujours pas l'aider et Pückler dut partir avec un sac à dos, couchant dans les auberges les plus humbles et se liant avec toutes sortes de vagabonds. C'est de cette période que date ce besoin de voyager qui le tenailla toute la vie.

En 1811, son père mourut et l'immense domaine de Muskau, en Silésie, avec ses quarante-cinq villages et son propre tribunal, tomba dans son escarcelle. Hermann Ludwig haïssait l'endroit. Il faut dire que le paysage y était particulièrement plat et monotone. Comment changer cela ?

L'amoureux prince Pückler-Muskau

Il se mit aussitôt au travail.

Pückler ne faisait jamais rien à moitié. Il déplaça un village de la rive droite à la rive gauche de la rivière Neisse, conçut des collines et des vallées, transplanta des milliers d'arbres adultes et détruisit tout ce qui lui déplaisait. Il détourna la rivière pour créer des ruisseaux, des lacs et des chutes d'eau. Ayant découvert une source d'eau minérale, il bâtit une fontaine, un théâtre et un casino et nomma l'endroit Hermannsbad. Mais ce n'était pas une ville d'eau conventionnelle. Pückler décida d'inclure les courses d'obstacle, les illuminations, les feux d'artifice et le théâtre au programme de la cure.

Puis il voulut se marier. Malheureusement trois femmes l'attirèrent, et toutes trois de la même famille. Son cœur balançait entre Lucie, comtesse de Pappenheim, une blonde bien conservée de quarante ans, Adelheid, sa fille naturelle, et Helmine sa fille adoptive. Ses amis lui conseillèrent d'épouser plutôt la mère. Elle avait neuf ans de plus que lui, était sur le point de divorcer et c'était la fille du prince Hardenberg, chancelier de Prusse. Un excellent parti.

Pückler demanda la main de Lucie, qui la lui accorda avec joie. Mais il commença à paniquer en voyant la date du mariage approcher. Il se découvrit soudain un amour immense pour la fille de Lucie, Adelheid à la taille de sylphide, et se demanda un instant si un ménage à trois... Mais Lucie refusa très fermement.

Cette toquade oubliée, il tomba éperdument amoureux de Helmine, qui n'avait que seize ans. On finit quand même par le traîner jusqu'à l'autel, et son union fut célébrée dans un grand concert de processions et feux d'artifice mais, quand vint l'instant de partir pour Paris en voyage de noces, il chercha tous les prétextes pour emmener Helmine avec eux.

Les Pückler se découvrirent une passion commune : transformer Muskau en paradis. Ils se mirent à dépenser sans compter. Mais le sol sablonneux du domaine absorba leur fortune avant que l'immense tâche ne soit terminée. Neuf ans après leur mariage, ils s'aperçurent qu'ils étaient pratiquement ruinés.

C'est alors que Lucie trouva une solution stupéfiante à leurs problèmes financiers. Ils allaient divorcer, dit-elle, et Pückler chercherait ensuite une riche héritière dont la dot permettrait de poursuivre les travaux et de les sauver du désastre. Aussitôt dit, aussitôt fait. Ils divorcèrent en 1826, tombant dans les bras l'un de l'autre, en larmes, à l'énoncé du jugement.

Hermann Ludwig partit pour l'Angleterre où on lui avait assuré que les héritières pullulaient. Pendant trois ans, il fréquenta la bonne société, flirtant avec des beautés célèbres, soupant avec des altesses et faisant jusqu'à cinquante visites dans la matinée. En parfait dandy, il se vêtit chez les meilleurs faiseurs et se couvrit de bijoux, contemplant le monde au travers d'un monocle fixé sur le pommeau de sa canne et se teignant pour paraître plus jeune. Pour beaucoup, il passait pour un escroc, les autres se contentant de sourire et de le surnommer Prince Pickle. Malheureusement, Pückler n'était pas un très bon coureur de dot. Les lettres désespérées qu'il adressa à Lucie en font foi et sont parfois presque comiques.

Bien qu'incapable de trouver une héritière, il eut quand même le temps de déclarer son amour à une chanteuse d'opéra, Henriette Sontag, qui était devenue la coqueluche de Londres. Pückler vendit un diamant pour retenir une loge à l'un de ses concerts, mais la belle lui préféra son fiancé et il décida de rapatrier son cœur brisé à Muskau.

Il reprit la vie commune avec Lucie, mais d'une manière platonique. Pückler plaça un buste de Henriette dans son jardin et entreprit d'écrire un livre sur ses récentes expériences. Celui-ci reçut un accueil triomphal, bien que certaines observations sur les distinctions de classe aient causé un scandale en Angleterre où il avait été traduit par Sara Austin sous le titre de *Visite d'un prince allemand*.

Son flirt postal avec Sara l'aida à oublier Henriette. Il y eut aussi une belle Eurasienne qui vivait près de chez lui, puis une succession de beautés obligeantes. Mais il eut les yeux plus gros que le ventre quand il accepta les propos flatteurs d'une intellectuelle, Bettina von Arnim. Elle avait été la maîtresse de Goethe et s'était fait une habitude de s'amouracher d'hommes célèbres. A soixante ans, elle aurait pu être la mère de Pückler, ce qui était horriblement embarrassant pour lui. Voyant qu'elle le ridiculisait, il lui demanda de cesser son manège, ce qu'elle accepta, donnant son accord pour qu'ils « communient par l'esprit ».

Écrire lui rapportant suffisamment, Pückler fit ses valises et décida de voir le monde. Il partit en grand équipage dans un coupé noir capitonné de jaune, avec un perroquet vert dans une cage, un petit chien à ses pieds et une lorgnette à la main pour admirer le paysage. Il portait une redingote militaire noire, un châle du Cachemire brillant et un fez rouge à gland bleu.

Son absence dura des années. Hermann Ludwig explora l'Afrique et vécut avec les Bédouins. Il remonta le Nil avec un docteur, un garde du corps, un valet, un page grec appelé Janni, deux petits esclaves, un cuisinier arabe qui avait appris la cuisine française et un harem miniature composé de deux Abyssiniennes nubiles. Il traversa le désert à dos de dromadaire et poussa jusqu'à Khartoum avant que la dysenterie ne l'oblige à rentrer à Alexandrie. Bien sûr, il trouva des belles à adorer sur tout le parcours, à Alger, à Tunis, à Candie, à Athènes... mais ce fut l'une des deux petites Abyssiniennes, achetée au marché aux esclaves du Caire, qui embrasa son cœur. Macbuba à la peau de satin et aux yeux de biche fut l'un des véritables grands amours de sa vie.

Lorsqu'il regagna ses pénates, il la ramena dans ses bagages. Lucie, qui s'apprêtait à l'accueillir à bras ouverts, fut stupéfiée d'apprendre qu'il comptait ajouter l'esclave à sa maisonnée ordinaire. Elle refusa de recevoir la gamine, obligeant Pückler à l'installer à Vienne où il lui rendait visite chaque jour.

Mais Macbuba mourut. Elle succomba aux rigueurs du climat, les poumons ravagés par la tuberculose. Pückler fut très malheureux et organisa des funérailles grandioses à Muskau, puis il continua à courir après toutes les jolies femmes.

Il y eut la femme de Metternich, Mélanie, qui à Vienne, ne cessa de le mettre en avant, Lucie, la fille d'Helmine, son ancienne flamme, qui le charma par sa jeunesse et sa fraîcheur, une comtesse qui l'ensevelit sous une correspondance chaleureuse ; puis, lorsqu'il atteignit la soixantaine, la jolie comtesse de la Rochefoucauld, dont les jérémiades peu grammaticales et dénuées de toute ponctuation étaient soulignées de larmes.

En 1845, il vendit Muskau. Lucie, qui adorait l'endroit, en

fut furieuse, mais Pückler estima qu'il se débarrassait ainsi d'un lourd fardeau. Il s'occupa alors de son petit domaine de Branitz. Lucie devenait plus difficile à vivre et terriblement égoïste avec l'âge et ils durent se séparer. Pourtant, Pückler l'invita à vivre à Branitz, où elle mourut en 1854. Ce ne fut qu'après son décès que le prince compris à quel point il était maintenant seul.

De façon étrange, son pouvoir sur les femmes sembla croître avec les années. Il resta extrêmement jeune d'apparence et eut, à quatre-vingts ans, une liaison sérieuse avec une chanteuse hongroise qui se vantait partout d'être une « enfant de la nature ».

Trois ans plus tard, il était encore on ne peut plus intime avec l'écrivain Ludmilla Assing, qui écrivit au prince de quatre-vingt-trois ans : « Tout mon être fond lorsqu'il est confronté au vôtre, si beau, si glorieux ! Mon cœur n'est alors plus que cendres. J'aimerais vous envelopper comme une plante grimpante et, au plus fort de cette étreinte intime, vous voler tous vos secrets. » Il continuait à lui dire qu'il l'aimait « avec fureur » quand il atteignit quatre-vingt-cinq ans.

Pückler avait petit à petit transformé Branitz en un paradis d'arbres, de lacs, de cascades et de forêts. Les visiteurs décrivaient l'endroit comme sortant tout droit d'un conte de fée. Et, planté sur une île, au beau milieu d'un lac aux eaux limpides, se dressait un souvenir de l'Orient qu'il aimait tant, une pyramide de dix mètres de hauteur qu'il contemplait de longues heures, sous un parasol, un fez sur la tête et un nain à ses côtés.

Personne n'eut jamais l'impression que Pückler était âgé. En 1866, à quatre-vingt-un ans, il servit à l'État Major pendant la guerre Austro-prussienne. Mais on refusa ses services quand même en 1870. A partir de là, le Prince Pickle déclina. Il mourut le 4 février 1871, à Branitz.

On l'enterra sous la pyramide, au milieu du lac, puis on découvrit ses lettres : toute une correspondance de folle passion, de gloire et d'amour éternel.

Fléau et fierté de Venise

Amant extraordinaire, il faillit épouser sa propre fille

Dans ses mémoires, Casanova écrit : « J'ai toujours pensé que j'étais né pour le beau sexe... » Personne ne sait exactement combien de femmes l'immortel séducteur italien débaucha, mais on pense qu'il y en eut des centaines. Sa carrière amoureuse commença à l'âge de seize ans, lorsqu'il fit l'amour à deux sœurs dans le même lit. Elle se poursuivit au travers d'une grande variété de conquêtes, y compris des nonnes, des novices, des duchesses, des putains, de robustes paysannes et des vieilles dames riches. Il était capable de tomber follement amoureux en moins de quinze minutes, et la femme qu'il désirait n'avait pas à attendre plus de quelques secondes pour qu'il commence sa cour. « J'ai même aimé des femmes à la folie », avoua-t-il.

Mais Casanova aimait au moins autant sa liberté. Bien qu'il ait failli à plusieurs reprises se retrouver devant l'autel, il parvint toujours à s'échapper à temps. Il le fit avec la plus grande subtilité, employant les subterfuges de retardement les plus ingénieux, jusqu'à ce que sa future femme soit fatiguée d'attendre. Lorsque, inévitablement, celle-ci le quittait pour un autre, il gardait le lit deux jours, horriblement malheureux, avant d'aller se consoler ailleurs.

Une de ses tactiques de séduction favorites était la querelle ou la dispute. Il pouvait ensuite s'excuser, réconforter et caresser la beauté offensée. Casanova croyait fermement que le célibat pouvait ruiner la santé d'un homme. Vigoureux, il avait un penchant prononcé pour les nourritures riches. Souvent, il séduisait au cours de repas succulents. Le potage de langouste ou de crabe était son entrée préférée. Il la faisait suivre d'huîtres aphrodisiaques qu'il glissait entre les seins de sa maîtresse avant de les consommer sur ce délicieux « canapé ».

Parfois, pris de remords à l'idée de mener une vie aussi dissolue, il décidait de se faire moine, mais la rencontre d'une nouvelle beauté le faisait immanquablement changer d'avis.

Lorsque ses mémoires parurent – et elles furent publiées dans de nombreuses versions différentes avant qu'on ne les imprime enfin, en 1960, telles que Casanova les écrivit –, elles furent accueillies avec incrédulité. Pas un homme n'avait fait un tel récit intime de sa vie. Certains contestèrent son authenticité, d'autres allèrent plus loin et mirent en doute l'existence même de Casanova.

Les portraits de Casanova ne sont guère impressionnants, bien qu'on raconte qu'il était exceptionnellement beau dans sa jeunesse. Il était grand pour un Italien du XVIIIe siècle, 1 m 87, avec une belle chevelure et seulement trois petites marques de variole pour gâter son profil aquilin. S'il fascinait, cela venait principalement de sa vigueur et de son énergie énormes, de son air imposant et viril. Car Casanova n'était pas qu'un débauché. Il fut l'un des personnages les plus brillants de son époque. Tout ce qu'il entreprit, comme amant, érudit, joueur, viveur, espion ou conteur, il le fit avec un flair et un charme colossaux.

Fils d'un couple d'acteurs, il naquit à Venise le 2 avril 1725, dans une ville entièrement tournée vers la sensualité. Ses parents le négligèrent et il fut un enfant misérable et maladif qui saignait sans cesse du nez. A l'âge de neuf ans, on l'envoya à Padoue pour y être éduqué. Il habita chez l'abbé Gozzi, qui lui enseigna le violon, et suivit les cours de l'université jusqu'à l'âge de seize ans. Curieusement, il devint prêtre à son tour, chose très normale à cette époque quand on possédait une certaine éducation mais pas de fortune. Ce qui ne l'empêcha pas de « perdre son innocence » avec deux sœurs, Nanette et Marton Savorgnan, filles d'une noble famille vénitienne. Il passa la nuit dans le même lit que les deux effrontées, ce qui lui donna par la suite un penchant pour la double séduction.

Casanova quitta ensuite la soutane et commença à vivre d'expédients. Il entra d'abord au service d'hommes distingués, ce qui lui permit de s'introduire dans la plus brillante société, puis, à l'aide de lettres de recommandation, il monta dans l'échelle sociale. Le prince de Ligne dit qu'il était « l'un des caractères les plus intéressants et les plus bizarres qu'il ait jamais rencontré ». Vers vingt ans, Casanova devint un obsédé du jeu. Il pariait sur n'importe quoi. Le Faro faisait alors fureur en Europe et il en devint l'un des maîtres. Il pouvait jouer une nuit puis le jour et la nuit suivants sans prendre de repos.

Quand il désirait une femme, il la poursuivait avec une ferveur presque comique. Visitant le domaine de la riche comtesse Mont-Real, il fut attiré par une jeune femme nouvellement mariée d'une beauté exceptionnelle. Dès que son mari tournait le dos, il lui faisait des avances, sans succès. Un après-midi, Casanova la persuada de se promener avec lui. Un orage épouvantable éclata, terrorisant la pauvre femme. « J'utilisai une méthode qui m'était propre pour calmer sa peur du tonnerre, écrivit-il, mais je doute qu'elle désire révéler la nature de mon remède ! » Entre deux aventures, Casanova assistait à des concerts de musique sacrée et écrivait des vers destinés à des cantiques.

Sa situation financière fluctuait énormément. Un jour, il fut obligé de jouer du violon dans un théâtre pour survivre. Son seul revenu régulier provenait de la générosité de protecteurs, comme Matteo Bragadin, un noble vénitien, ancien Inquisiteur de l'État, qui l'adopta et lui fit servir une pension jusqu'à sa mort.

Toutefois, l'insolence méprisante qu'il affichait vis-à-vis de la classe dirigeante vénitienne fit que les institutions le haïrent. Ses ennemis se montrèrent prêts à saisir la moindre occasion pour se débarrasser de lui. Finalement, ce fut une satire religieuse écrite dans sa jeunesse qui leur fournit le prétexte. Dans la nuit du 25 juillet 1755, Casanova fut arrêté et traîné aux Plombs, l'infamante prison de Venise, dont le nom vient des lourdes tuiles de plomb qui recouvrent sa toiture. Il fut condamné à cinq ans sans jugement. Plus tard, il se trouva des gens pour suggérer

Portrait de Casanova à quarante-neuf ans

que le fait que Casanova fasse la cour à la maîtresse de l'un des Inquisiteurs ne fut pas pour rien dans cette lourde peine.

Son évasion des Plombs, quinze mois plus tard, est un classique du genre. Ayant réussi à se procurer un morceau de fer, Casanova le rogna patiemment à l'aide d'un fragment de marbre jusqu'à obtenir une broche de 45 cm. Il venait de terminer un trou dans le sol de sa cellule et s'apprêtait à s'évader lorsqu'on le transféra

ᵢement dans une geôle plus spacieuse, dans une autre partie
ᵢlombs. Le gardien, furieux, menaça de le dénoncer aux
ᵢorités, mais Casanova parvint à le calmer. Pour la tentative
ᵢuivante, il demanda l'aide d'un autre prisonnier, un prêtre
nommé Balbi. Un jour, Casanova appela le gardien et lui
demanda de porter une bible à Balbi, avec un plat de pâtes. Le
geôlier ne remarqua pas que le plat, sur lequel reposait la bible,
était particulièrement lourd. La broche était en effet dissimulée
dans le livre saint.

Balbi, dont la cellule se trouvait au-dessus de celle de
Casanova, pratiqua un trou dans le plafond et hissa son ami
jusqu'à lui. Ensemble, il descellèrent quelques pierres et se
glissèrent ensuite dans le grenier d'où il leur fut facile de soulever
les tuiles et de s'enfuir. Casanova héla une gondole et alla finir
la nuit dans la maison du chef des Carabiniers, pendant que
celui-ci fouillait la ville à sa recherche !

Casanova passa alors un certain temps à fuir les Inquisiteurs
de Venise. Ses conquêtes le consolèrent. Cependant, à Constantinople, il rencontra un de ses rares échecs. Malgré le code religieux
qui voulait que les sexes soient sévèrement séparés, il réussit à
fasciner une dame musulmane qu'il désignait sous le nom de
l'« Épouse de Youssef ». Une nuit, il tenta de soulever son voile
et la rendit si furieuse qu'il n'eut plus qu'à battre en retraite.
Plus tard, à son grand regret, il s'aperçut de son erreur. La dame
n'aurait pas demandé mieux que de retirer tout le reste, mais
il ne fallait pas toucher à son voile.

A Paris, il fréquenta les cercles les plus fermés et fut nommé
directeur de la loterie. Son intérêt pour l'occultisme et la magie
noire fascina des dames de haut rang, comme la marquise d'Urfé.
Il était son amant, bien sûr, et elle l'entretint sur un grand pied
pendant des années. Mais la pauvre femme n'était pas seulement
riche, elle était aussi très crédule. Persuadée que Casanova
pouvait communiquer avec les esprits, elle lui demanda de
transférer son âme dans le corps d'un jeune garçon. Casanova
s'exécuta aussitôt en faisant l'amour à une jeune vierge choisie

avec soin. Il expliqua à la marquise que s'ils avaient un garçon il ne pourrait qu'être sa réincarnation. Cette mascarade se poursuivit pendant des années, jusqu'à ce qu'il s'en lasse. Bien que ne profitant pas directement de la crédulité de la vieille dame, il savait cependant qu'il possédait un certain pouvoir sur elle, ce qui lui plaisait beaucoup.

Désireux de continuer à vivre comme au temps des largesses de la marquise, Casanova décida de se lancer dans les affaires. A Paris, la vogue était aux tissus peints de motifs chinois, ce qui lui parut correspondre à ses goûts raffinés. Il engagea vingt ouvrières, les recevant lui-même pour s'assurer qu'elles étaient jolies. Elles devinrent évidemment toutes ses maîtresses. Malheureusement, si côté cœur ce fut parfait, ce ne le fut guère côté affaires.

Comme Casanova dépensait et jouait sans compter, il lui fallut bien souvent mettre ses bijoux et ses tabatières en or au clou. Il dépensa des fortunes pour les femmes, répondant à leur moindre désir, les couvrant de présents. S'il sortait la plupart du temps indemne de ses aventures, il garda toujours en mémoire le souvenir d'une rencontre qu'il fit en Italie. Rendant visite au duc de Matalone, Casanova tomba follement amoureux de la jeune maîtresse de son hôte, Leonilda. Il alla même jusqu'à demander sa main au duc. Celui-ci accepta en souriant, amusé de voir Casanova dans un tel état. Il ne restait plus qu'à convoquer la mère de Leonilda, afin qu'elle appose sa signature au bas du contrat de mariage. A l'heure convenue, Casanova arriva au palais ducal et y trouva son hôte en compagnie de sa promise et de la mère de celle-ci. L'apercevant, cette femme poussa un cri et s'évanouit. Il s'agissait d'une de ses anciennes maîtresses, Anna Maria Vallati, à qui il avait fait une enfant dix-sept ans plus tôt. Sans cette rencontre, il est certain que Casanova aurait épousé sa fille.

Submergé par le remord, il proposa de réparer et d'épouser la mère. Mais Donna Lucrezia, comme il l'appelait dans le temps, le connaissait trop pour accepter. Il fit donc un cadeau à sa fille, en vue d'un éventuel mariage, puis poursuivit sa route.

Casanova vécut en Angleterre pendant neuf mois. Il y avait été envoyé pour tenter d'y installer la loterie française. Durant son séjour à Londres, on lui présenta une courtisane célèbre, Kitty Fisher, mais, ne parlant pas anglais, il déclina ses faveurs. Il expliqua en effet à ses amis qu'il ne pourrait lui faire l'amour puisqu'il lui était impossible de converser avec elle, ajoutant que, dans de tels moments, il aimait que tous ses sens soient comblés.

Grand joueur, Casanova fit des parties de whist avec toute l'aristocratie britannique. Il participa également à la vie sociale de Londres. Mais dans son appartement de Pall Mall il vivait seul. Ne supportant plus cette solitude, il passa une annonce déclarant qu'il désirait sous-louer une partie de l'appartement. Une jeune Portugaise raffinée qui parlait le français se présenta. Elle lui tint compagnie jusqu'à son départ.

C'est aussi en Angleterre qu'arriva un incident qui marqua probablement le début de son déclin. Il s'intéressa à une petite prostituée très maligne, Marianne Charpillon, mais à sa grande colère et à son humiliation il dépensa pour elle 2 000 guinées sans pouvoir profiter de ses faveurs. Comble d'outrage, elle lui fit croire qu'elle souffrait d'une maladie incurable, le poussant presque au suicide. Apprenant qu'elle s'était jouée de lui, il acheta un perroquet et lui apprit à dire en français : « Charpillon est encore plus pute que sa mère ».

Casanova s'enfuit de Londres à cause de ses dettes et retourna à Venise en 1772, après des années d'exil. On le reçut à bras ouverts et il fut même prié à dîner par les Inquisiteurs qui désiraient savoir comment il s'était évadait des Plombs.

Mais il avait bu la vie jusqu'à la lie, comme le déclara son biographe. Les lumières de la fête ne pouvaient briller éternellement. Casanova tenta de vivre de sa plume mais n'y parvint pas. Sa traduction de l'*Iliade,* bien qu'admirée, dut être abandonnée faute de fonds. En 1776, sous le nom d'Antonio Pratolini, il devint agent secret pour le compte des Inquisiteurs, mais cet emploi ne convint pas à son tempérament. Il vécut ensuite quelque temps avec une petite couturière, Francesca

Buschini, qui lui était toute dévouée. Mais incapable de se tenir tranquille, il dut fuir de nouveau sa ville natale, pour la dernière fois.

En février 1784, Casanova rencontra le Comte Joseph Charles de Waldstein, dont le château de Bohème possédait une bibliothèque de 40 000 volumes. Ils partageaient le goût du jeu et de l'occultisme. Casanova se laissa persuader de devenir le bibliothécaire du château. Pendant treize ans, les dernières années de sa vie, il s'ennuya à mourir. Une seule chose l'intéressait encore, le passé. Il passait des heures à écrire et polir ses mémoires, se réjouissant au souvenir de sa gloire, savourant une fois encore les conquêtes de sa jeunesse. Il ne cacha rien.

Se rendait-il compte que ses aventures amoureuses seraient publiées dans vingt langues différentes et saluées comme un chef-d'œuvre ?

L'indigne Mme Satan

Elle donna des tuyaux à Vanderbilt, vécut avec deux maris sous le même toit et se présenta aux élections présidentielles

Mme John Biddulph Martin était le modèle de la gracieuse châtelaine, bien que légèrement impérieuse. Son banquier de mari lui avait laissé, en mourant, un domaine dans le Worcestershire. Elle s'y consacra aux fleurs, transforma une grange en salle de réunion pour les villageois, s'occupa de l'éducation des enfants du cru et y reçut le prince de Galles qui, pour la remercier, lui expédia un panier de grouses.

Qui aurait pu se douter que cette grande dame au fin profil avait été, un jour, surnommé Mme Satan pour son franc-parler concernant l'amour libre et qu'elle avait fait un procès au British Museum en apprenant qu'il possédait des documents portant atteinte à sa réputation ?

En effet, Mme John Biddulph Martin avait été considérée, en son temps, comme la femme la plus indigne d'Amérique, une excentrique qui faisait vivre ses amants sous le même toit et avait eu le toupet de se présenter aux élections présidentielles. C'était une visionnaire qui proclamait que Démosthène, l'orateur grec, avait guidé sa vie, une sufragette qui recommandait aux femmes de profiter de leur vie sexuelle et de prendre autant d'amants qu'elles le désiraient, un médium qui avait donné des conseils boursiers à Vanderbilt, lui-même. Jolie femme révoltée par les conventions, Mme Biddulph Martin, ci-devant Victoria Woodhull, choqua l'Amérique pendant une décade.

Lorsqu'elle parlait de l'endroit où elle était née, elle décrivait un cottage ravissant, tout blanc, avec son porche et son jardin. En fait, Victoria Woodhull était née le 23 septembre 1838, dans une cabane pleine de marmots braillards, à la périphérie de la ville d'Homer, dans l'Ohio. Son père, Buck Claflin, dirigeait un moulin à blé. Sa mère, Roxanna, disait la bonne aventure et soignait ses dix enfants en les hypnotisant. Victoria commença à parler aux esprits à l'âge de trois ans et raconta plus tard que ses seuls amis d'enfance furent les anges. Parfois, elle apercevait le diable.

Par une chaude nuit d'été, le moulin flamba et on accusa son père de l'avoir incendié volontairement. Il dut s'enfuir. Les voisins rassemblèrent une somme d'argent pour que sa marmaille puisse le suivre. Pendant des années, la famille se promena d'une ville à l'autre, vendant des médicaments et une huile de beauté confectionnée à partir de jus de légumes. Mais ce fut lorsque la plus jeune sœur de Victoria, Tennessee, annonça qu'elle entendait aussi des voix que Buck Claflin eut une merveilleuse idée pour gagner de l'argent. Dorénavant, il organiserait des séances avec ses deux filles. Les voisins des pensions de familles où ils passaient se plaignirent bien de cris et de bruits bizarres, mais l'argent coulait à flot. Victoria et sa sœur s'étaient trouvées une carrière.

Les grands yeux bleus et la carnation de pêche de Victoria attiraient les hommes, partout où elle passait. Avant d'avoir seize ans, elle se maria. Son époux était un jeune docteur, Canning Woodhull, qui crut, à tort, qu'elle accepterait de se fixer et de ne plus vagabonder. Victoria eut deux enfants, un garçon nommé Byron et une fille répondant au curieux nom de Zulu Maud. Elle décida un jour que l'Ohio était trop petit pour elle et poussa son mari à abandonner sa clientèle et à l'amener en Californie. Là, comme sa famille lui manquait, ils partirent rejoindre Tennie à Cincinnati, où les deux sœurs se firent passer pour des voyantes. Elles donnaient habituellement des séances bruyantes à 1 dollar tête. Lorsqu'elles y ajoutèrent l'avenir et les masses magnétiques, les clients se pressèrent, surtout les hommes.

Le pauvre Woodhull ne s'était pas rendu compte qu'épouser Victoria revenait à épouser la tribu Claflin. Il cessa bientôt de lutter et devint un ivrogne et un coureur de jupons.

Victoria attendit un signe de Démosthène avant de décider de la suite à donner aux événements. Il apparaissait de temps à autre dans sa toge blanche, lui montrait la bonne direction et lui promettait qu'un jour elle serait riche.

Elle s'installa à Saint-Louis et tomba follement amoureuse d'un jeune homme portant rouflaquettes qui était venu la consulter. Dès qu'elle le vit, elle le désira. Entrant aussitôt en transes, elle se mit à crier à tue-tête que leurs destins étaient liés et qu'il devait l'épouser. Le fait qu'ils soient tous deux mariés ne l'arrêta pas. Le Colonel James Harvey Blood la regarda dans les yeux et succomba. Abandonnant femme et enfants, il partit avec Victoria dans un chariot.

Ils vécurent comme amant et maîtresse et leur maison devint le point de rencontre des libres penseurs. Mais Démosthène lui avait promis la fortune. C'est lui, probablement, qui la poussa vers Cornelius Vanderbilt, l'homme le plus riche d'Amérique. Vanderbilt était un malade qui ne supportait plus la médecine conventionnelle. Lorsqu'on lui présenta Victoria et sa sœur en lui annonçant qu'elles étaient guérisseuses, il décida de leur donner leur chance. Le fait qu'elles soient toutes deux jolies influença certainement ce choix. Victoria devint son amie, Tennie sa maîtresse.

Au début, Vanderbilt demanda des conseils de l'« au-delà » concernant la bourse à Victoria. Mais il s'aperçut vite que son instinct valait tous les conseils du monde, et ce fut lui qui en donna à son amie. Victoria et sa sœur ouvrirent donc une charge sur Wall Street, la première tenue par des femmes, dans le début de 1870. Les affaires marchèrent fort bien, avec le Colonel Blood qui fournissait pratiquement tout le travail. Victoria put enfin satisfaire son ambition : louer un hôtel particulier et l'emplir de chaises dorées, de miroirs et de domestiques !

Moins de trois mois après que les deux sœurs eurent étonné New York en ouvrant un bureau à Wall Street, Victoria lança une véritable bombe. Elle se porta candidate à la présidence des États-Unis. Montée sur ses ergots de sufragette, elle déclara qu'elle avait prouvé ce dont elle était capable en affaires

Victoria Woodhull candidate à la présidence des U.S.A.

– au moins à l'égal des hommes – et qu'elle voulait maintenant affranchir les femmes de ce pays. Pour promouvoir sa campagne, elle fit une tournée de discours dans tout le pays et publia un journal, le *Woodhull and Claflin's Weekly,* dans lequel elle attaquait tous ceux qui n'étaient pas d'accord avec elle et écrivait des articles en faveur de l'amour libre, de l'avortement, du contrôle des naissances, de la légalisation de la prostitution, du végétarisme, des passes magnétiques pour guérir et de lois rendant le divorce plus facile. Ce fut un immense succès qui finit de la faire connaître dans le pays entier. Tout le monde voulait entendre ce qu'avait à dire cette horrible Mme Woodhull.

Et sa manière de vivre n'arrangeait pas les choses. Victoria avait obtenu le divorce et épousé le Colonel Blood. Mais, horreur, elle trouva un matin son ex-mari sur le pas de sa porte. Une ruine pathétique, détruit par la boisson et la morphine. Comme il ne savait où aller, elle fut bien obligée de le garder. Sa mère, qui haïssait Blood et était d'une jalousie maladive, choisit ce moment pour intenter un procès à Blood, l'accusant de l'avoir attaquée et révélant que sa fille vivait avec ses deux maris sous le même toit, allant même jusqu'à suggérer que c'était peut-être dans le même lit.

La presse s'en donna à cœur joie. Et encore, elle ne savait que la moitié de ce qui se passait chez la candidate à de si hautes fonctions. En effet, Stephen Pearl Andrews venait d'entrer dans la vie de notre héroïne. C'était un intellectuel qui parlait trente langues et venait d'écrire un livre en chinois. Puis, il y eut Théodore Tilton. « Il a dormi dans mes bras pendant trois mois », raconta-t-elle partout. Quoi qu'en pensât le Colonel Blood, il ne se plaignit pas.

Tilton fut l'un des protagonistes d'un immense scandale qui secoua l'Amérique et expédia Victoria derrière les barreaux. Sa femme avait été séduite par le révérend Henry Ward Beecher, le plus fameux prédicateur d'Amérique, que beaucoup prenaient pour un saint. En fait, entre deux sermons, Beecher avait fait l'amour à toutes les jolies paroissiennes sur lesquelles il avait pu mettre la main. Victoria fut rendue furieuse par le fait que l'on respectait cet hypocrite alors qu'on la méprisait parce qu'elle prônait l'amour libre.

Elle voulut le pousser à s'exposer au grand jour, le rencontra et, même, dit-elle plus tard, coucha avec lui. Mais, lorsqu'elle tenta de le faire chanter pour qu'il accepte de la soutenir dans sa campagne, il éclata en sanglots et la supplia de le laisser tranquille. Comme Beecher avait refusé de la présenter à la salle bondée, Victoria monta bravement à la tribune.

« Ceux qui me jugent prêchent contre l'amour libre et le pratiquent secrètement ! » tonna-t-elle.

« Pratiquez-vous l'amour libre ? » cria quelqu'un.

« Oui, répondit-elle, je suis pour l'amour libre. »

L'assistance se mit à hurler, à siffler, à applaudir, à la huer et à pousser des cris d'animaux, mais Victoria s'avança et sa voix couvrit le tohu-bohu : « J'ai le droit inaliénable, constitutionnel et naturel d'aimer qui je veux, durant une longue ou une courte période, et de changer d'amant chaque jour si cela me fait plaisir ! Et ce droit, ni vous ni aucune loi que vous pourriez inventer ne peut me l'enlever ! »

Un chahut à tout casser suivit cette sortie. Tout le monde ne parla que de ça le lendemain. Ce discours sur l'amour libre, combiné à ses violentes réactions aux questions qu'on lui posait, fit déborder la coupe. Son propriétaire lui demanda de quitter le splendide hôtel particulier qu'elle louait et elle dut passer la nuit dehors avec sa famille avant de trouver une pension de famille qui accepte de les héberger. Les affaires périclitèrent, on cessa de passer de la publicité dans leur journal et Vanderbilt leur retira discrètement son appui. Seules les sufragettes continuèrent à les soutenir.

C'était trop injuste. Victoria décida qu'il était temps que la vérité éclate au grand jour. Tout d'abord, elle raconta toute l'affaire à une assemblée de spiritualistes. Puis, avec sa sœur Tennie, elle sortit une édition spéciale du *Woodhull and Claflin Weekly*, le 2 novembre 1872, y révélant le scandale Beecher-Tilton. L'article fit sensation. Les deux sœurs furent arrêtées pour avoir « mis en circulation une publication obscène et in-décente », et on les jeta en prison. Elles passèrent six mois derrière les barreaux avant d'être déclarées « non coupables » sur un point technique. Le scandale Beecher se poursuivit pendant des années. Pour certains, il demeurait un héros, d'autres le traitèrent de canaille. Il ne s'en releva jamais.

Cette affaire ne fit rien pour aider Victoria dans sa course à la présidence. Lorsque Grant fut porté au pouvoir, elle ne reçut que quelques voix. Sa vie privée n'allait guère mieux. Bien qu'ayant une liaison avec un collégien de dix-neuf ans qui l'aidait à préparer ses conférences, elle fut furieuse quand elle apprit que le Colonel Blood se consolait de son côté. Outragée par son infidélité, elle lui demanda de partir !

Après ce départ, son enthousiasme s'évanouit. Elle se tourna vers la religion. Puis, lorsque Vanderbilt mourut, en 1877, Victoria annonça que le vieil homme lui devait 100 000 dollars. Son héritier comprit la menace à demi-mot et paya, mais à la condition que Victoria et Tennessee quittent l'Amérique jusqu'à ce que tous les problèmes d'héritage soient réglés. Avec une nouvelle garde-robe et des serviteurs, les deux sœurs voguèrent vers l'Angleterre dans six cabines de première classe.

Victoria décida alors de devenir une autre femme. Elle était maintenant divorcée de Blood. Plus question d'amour libre, c'était un sujet dangereux et passé de mode. Elle se remit à faire des conférences, ne pouvant se tenir longtemps éloignée d'un auditoire, mais choisit des sujets tels que le mariage ou « Le corps humain, Temple de Dieu ».

John Biddulph Martin, banquier respecté et homme charmant, assista un jour à l'une de ses conférences. Il avait trente-six ans et était l'un des propriétaires de la banque Martin. Il fut envoûté par son « intellect élevé », fasciné par sa personnalité et décida d'en faire sa femme. Ses parents furent stupéfaits de ce choix. Ils avaient longuement entendu parler de Victoria par les journaux. Quant à l'adepte de l'amour libre, certaine que Démosthène avait tenu ses promesses, elle posait maintenant à la femme noble dont les méchants médisaient. Au bout de six ans, les parents de John s'avouèrent vaincus et Victoria devint Mme John Biddulph Martin le 31 octobre 1883. Elle avait quarante-cinq ans et fit aussitôt la preuve qu'elle pouvait être une parfaite maîtresse de maison dans l'hôtel particulier de son époux, à Hyde Park Gate, à Londres. Ils vécurent très heureux pendant dix-huit ans, le respectable banquier jouissant pleinement de la compagnie de cette femme extraordinaire.

Durant tout ce temps, Victoria nia avoir été une excentrique et avoir fait ou dit certaines choses. Deux documents déposés au British Muséum faillirent lui donner une attaque. Des pamphlets sur le scandale Beecher-Tilton, avec tous les détails sur le rôle qu'elle y avait joué. Elle supplia son mari d'agir et celui-ci fit un procès au conservateur du musée. Les audiences durèrent cinq jours et, en fin de compte, le musée fut condamné à lui verser la livre sterling symbolique.

Lorsque John Biddulph Martin mourut de pneumonie, en 1879, Victoria vendit l'hôtel particulier de Londres et alla s'installer dans le manoir de son mari, à Bredon's Norton, dans l'intention d'y finir ses jours sous les traits d'une veuve respectable. Tennessee, elle aussi, avait terminé sa carrière en épousant Sir Francis Cook.

Mais l'ancienne Victoria remonta petit à petit à la surface. A l'âge de soixante-trois ans, elle fut soudain fatiguée de cette vie respectable. Elle donna une partie de son domaine afin que de jeunes femmes émancipées apprennent l'agriculture, ouvrit une école d'éducation progressive, se reprit de passion pour le spiritualisme et se jeta dans mille autres choses.

Vers la fin de sa vie, Victoria refusa de se coucher, dormant toujours sur une chaise parce qu'elle pensait qu'elle pouvait ainsi tromper la mort. Pendant quatre ans elle dormit assise. Et c'est assise qu'on la retrouva au matin du 9 juin 1927. Elle était morte pendant son sommeil.

On ne peut s'empêcher de penser que ce fut Démosthène qui vint la chercher.

Le plus grand bonheur...

Un doux réformateur de la loi qui adorait les chats

Jeremy Bentham, grand moraliste et réformateur de la loi anglaise, aimait tant son chat qu'il l'assit un jour sur son bureau et le fit chevalier. A partir de là, le minet fut connu de tous, y compris les visiteurs les plus distingués, sous le nom de « Sir John Langborn ». Lorsque l'âge commença à peser sur le favori de Bentham, celui-ci éleva son chat à une dignité ecclésiastique, s'adressant à lui en tant que « Révérend Docteur Sir John Langborn ». Quand l'amiral mourut, il fut enterré magnifiquement dans le jardin de Bentham.

Un des penseurs les plus fertiles du XVIIIe siècle, Bentham déclara un jour qu'il aimait tout ce qui possédait quatre pattes. Il travailla des années, jusqu'à un âge avancé, pour mettre au point une législation contre la cruauté envers les animaux. Aimer autant les chats que les souris présentait un problème, mais il s'arrangea toujours pour nourrir et choyer également les deux espèces.

Son affection pour les choses humbles s'étendait même aux objets domestiques. Il avait un nom pour la plupart d'entre eux. Sa canne préférée s'appelait « Dapple » et la théière qu'il utilisait tous les jours « Dick ». Il habitait dans une maison délicieuse à Queen Square Place, à Londres, qu'il appelait « L'Ermitage », se nommant lui-même « L'Ermite ».

Avec les années, il devint si pris par la routine et les rituels domestiques qu'il ne laissa plus que très peu de personnes l'approcher, passant ses journées à inonder des feuillets des idées dont son cerveau débordait. Rien ne pouvait déranger ce quotidien bien réglé. L'écrivain français, Madame de Staël, demanda un jour à le voir, déclarant : « Dites-lui que je ne verrai

personne avant de l'avoir rencontré. » A quoi Bertham répondit :
« Dans ce cas, elle ne verra plus jamais personne. »

Agé, il présentait une silhouette pittoresque, avec sa chevelure
blanche flottant sur les épaules de sa jaquette marron, un chapeau
de paille tressée sur la tête et des pantoufles brodées aux pieds. En
fait, ce fut certainement l'homme le plus heureux qui vécut jamais.

En 1820, il écrivit : « Je suis, à soixante-douze ans, pour une
raison ou une autre, plus gai que lorsque je n'en avais que
dix-sept. Ceux qui m'appellent Vénérable ne m'ont jamais
rencontré. Ceux qui m'ont déjà vu penseraient plutôt appeler
un chaton Vénérable. »

Il disputa une partie de badmington épuisante à soixante-
quinze ans et, à soixante-dix-huit, il déclara qu'il n'avait jamais
été aussi robuste de sa vie. Dans sa biographie, Mary P. Mack
explique qu'il avait renversé l'ordre du développement, naissant
vieux et rajeunissant en grandissant.

Bentham eut des débuts dans la vie assez misérables. Ce fut
un enfant précoce. Né le 15 février 1748 à Houndsditch, à
Londres, c'était le fils d'un avoué qui avait fait une fortune en
spéculant sur des terrains. A trois ans, il avait appris à lire
lui-même. Avant d'atteindre l'âge de cinq ans, on le surnommait
« le Philosophe ».

Son père, Jeremiah Bentham, homme collet monté, sévère et
excessivement ambitieux, fut empli de joie lorsqu'il s'aperçut qu'il
avait engendré un prodige. Avant que le bambin ne sorte de la
nursery, il prédisait déjà qu'il serait Premier ministre.

Le pauvre Jeremy fut gavé de grec et de latin et chacune de
ses minutes était prise par un professeur enseignant une matière
ou une autre.

Assez effrayé par son père, il se laissa pousser vers une carrière
concernant le droit, alors qu'il désirait devenir chimiste. Toute
sa vie, chaque fois qu'il se sentit déprimé, il rechercha le confort
des mystères malodorants de son laboratoire de chimie.

A douze ans il entra au Queen's College d'Oxford, devenant
le plus jeune étudiant dans l'histoire de l'université. Ce fut un

enfant nerveux au milieu d'étudiants plus âgés, et il détesta cela. Il fut quand même bachelier à quinze ans et licencié à dix-huit. Il s'inscrivit ensuite à la Court of King's Bench à Londres.

Mais les choses ne tournèrent pas comme le désirait l'ambitieux Jeremiah. Son fils ne devint jamais Premier ministre. Il ne se distingua pas non plus comme avoué. Mais il devint le plus grand critique de la loi telle qu'elle se pratiquait alors, se consacra entièrement à sa réforme et entreprit de créer une science nouvelle s'appliquant à la morale et à la législation. Il travailla particulièrement sur la jurisprudence et l'éthique.

Il vivait à une époque où la justice allait vers ceux qui pouvait la payer, où on condamnait à mort des hommes coupables d'avoir volé une poignée de navets pour nourrir leurs enfants affamés et où la majorité des exécutions avaient lieu pour des crimes contre la propriété.

Bentham fustigea ses contemporains : « La *Magna Carta* dit que la justice ne sera déniée à aucun homme, que la justice ne se vendra pas. Elle est déniée aux neuf dixièmes de la population, et vendue au dixième restant pour des sommes exorbitantes. »

De 1766 à 1792, Bentham vécut dans des pièces humides et obscures à la Lincoln Inn. A vingt ans il menait une vie monacale, travaillant seul pendant des heures, couvrant quinze feuillets par jour de pensées sur la loi, la morale, la politique et sur tous les sujets d'un intérêt humain vital.

Ses seuls moments de détente étaient représentés par de longues marches dans les petites rues de Londres qu'il aimait tant. Mais son sens de l'orientation était si vague qu'il s'y perdait la plupart du temps.

C'est pendant ces années qu'il découvrit le principe de l'« utilité » (la finalité de toute activité humaine est un plus grand bonheur pour le plus grand nombre), et c'est par l'« utilitarisme » qu'on se souvient encore de lui aujourd'hui. Il se déclara en faveur d'un état providence, de la liberté sexuelle pour tous, du droit des femmes et d'une réforme de la loi à une époque où ces sujets n'étaient pas très bien vus, c'est le moins que l'on puisse dire.

Une effigie de Jeremy Bentham avec sa tête momifiée sur un plat

En 1792, son père mourut, le libérant d'un complexe de culpabilité qui le tenaillait depuis qu'il n'avait pas suivi ses traces, et lui laissa une petite fortune ainsi que la maison familiale de Queen Square Place. On peut dire qu'à la mort de Jeremiah un nouveau Bentham naquit. C'est à partir de cet instant qu'il porta son chapeau de paille jaune et ses pantoufles. Il installa aussi un piano ou un orgue dans chacune des pièces de sa maison, afin qu'on entende de la musique tout le jour.

Il pensa à des inventions stupéfiantes pour l'époque. Des « tubes de conversation » qui seraient disposés comme des conduites d'eau entre les immeubles. Un « frigadarium », chambre froide en forme d'igloo pour stocker les fruits de son jardin aussi bien que « les cœurs de bœufs, les cœurs et les foies de veaux, les lapins et les poulets, les sprats et les éperlans, les huîtres et le saumon ».

Très intéressé par la réforme pénale, il dessina aussi les plans d'une nouvelle sorte de prison qu'il appela « panopticon ». Elle était basée sur l'idée d'une roue, avec le surveillant au moyeu, capable de tout voir par l'intermédiaire de miroirs réfléchissants. Bentham passa de longues années et dépensa beaucoup d'argent pour que les plans de son panopticon soient acceptés, mais sans succès.

Puis il se lança dans l'invention d'un nouveau langage qui puisse mieux exprimer sa science de la morale et de la législation. On se moqua de ses « néologismes ». L'un des plus absurde était « Brithibernia » mot appelé à remplacer Angleterre, Écosse et Irlande. Trois mots en un seul. Il ne fut pas pris au sérieux mais nous avons hérité de certaines de ses inventions : par exemple, « international » ou « codifier ».

La vie, dans sa maison, était réglée sur une routine lui permettant de produire ses quinze feuillets chaque jour. Il ne voyait pratiquement personne avant l'heure du dîner. Après les repas, une promenade au trot dans le jardin, selon les infortunés qui avaient tenté de l'y suivre. Bentham était un hôte charmant, mais lorsque onze heures sonnaient il réclamait ses vêtements de nuit, invités ou non – une manière comme une autre de leur indiquer qu'il fallait partir.

Le rituel consistant à se mettre au lit durait une heure. Après s'être déshabillé et avoir mis son bonnet de nuit, il confiait sa montre à son secrétaire à qui il demandait de lire à haute voix. Au bout d'un moment, fatigué, il disait bonsoir à son chat et se glissait dans un sac de couchage de son invention.

Bentham ne cessa jamais d'écrire. En plus de ses quinze feuillets journaliers, il y avait des listes interminables de catalogues, des préfaces de livres qu'il ne commencerait jamais.

Il pensait très vite, trop même pour avoir parfois le temps d'écrire. Lorsqu'une idée le frappait, il faisait un pense-bête qu'il accrochait aux rideaux de sa chambre. Finalement, ceux-ci disparurent sous des tas de petites notes.

Il écrivait tant qu'il ne se souvenait pas toujours de ce qu'il avait rédigé. Tombant un jour sur un article de sa main, il le lut et s'étonna : « Cela ne peut certainement pas être mon opinion ! »

Les œuvres de Bentham, publiées par Sir John Bowring, comprennent onze volumes, et elles ne sont pas complètes. Il existe encore d'innombrables manuscrits serrés dans des cantines métalliques que personne n'a encore lus, l'écriture de Bentham étant pratiquement impossible à déchiffrer.

En 1825, il décida de quitter quelque temps son « Ermitage » pour se rendre à Paris consulter un médecin sur l'état de sa santé. Il profita de ce voyage pour assister à une séance de la cour de justice. Lorsqu'il y pénétra, toute l'assistance se leva et le président insista pour que le grand juriste anglais s'asseye à sa droite. Son père aurait certainement beaucoup donné pour assister à cet instant.

Bentham continua à travailler dans la joie jusqu'à sa mort, le 6 juin 1832, la veille du jour où la grande Reform Bill reçut l'Assentiment Royal.

Mais ce ne fut pas la fin de Jeremy Bentham. Juste avant sa mort, il avait écrit qu'il pensait que les corps des gens illustres devaient être conservés afin qu'on se souvienne de leurs travaux. Le corps embaumé de chaque homme deviendrait ainsi sa statue.

Il laissa son corps à la Faculté pour y être disséqué, car il voulait qu'il serve au bien de l'humanité. Son squelette fut alors habillé de sa vieille jaquette à la Quaker, le chapeau jaune fut placé sur une reproduction de sa tête, et « Dapple », sa canne préférée, fut mise sur ses genoux.

Aujourd'hui, Jeremy Bentham est toujours assis dans sa cage en verre de l'University College de Londres, d'où il observe calmement les visiteurs.

L'insaisissable milliardaire

Confinement solitaire dans des hôtels de luxe stérilisés

Dans une petite chambre obscure, au sommet du Desert Inn, à Las Vegas, Howard Hughes, le milliardaire américain, regardait un film, étendu sur son lit. Son corps décharné était nu, à l'exception d'un slip. Ses cheveux et sa barbe tombaient jusqu'à sa taille en tresses plates et grasses. De temps à autre, il avançait une main aux ongles jaunis de 5 cm de longueur pour sonner quelqu'un afin qu'on change la bobine. Hugues se trouvait dans cette pièce depuis trois mois pour un de ses incroyables marathons cinéma. Pendant tout ce temps, il n'avait mangé que des sucreries et des noix qu'il faisait descendre à l'aide de grands verres de lait. Ses films préférés étaient principalement des films d'action et il avait vu *Ice Station Zebra* cent cinquante fois avec le son à fond.

Beaucoup de gens auraient été surpris d'apprendre que Howard Hughes était toujours vivant en ces années soixante, et plus encore par ces interminables séances de cinéma. Il était devenu l'un des grands mystères du XXe siècle. Depuis quinze ans, cet homme, autrefois beau et entouré de jolies femmes, propriétaire de la plupart des casinos de Las Vegas, s'était retiré du monde, vivant dans des chambres obscures, gardé par des hommes qui ne le voyaient pratiquement jamais.

Howard Hughes avait si peur d'entrer en contact avec d'autres, une telle horreur de toucher ce qui avait été touché par d'autres, qu'il fit de l'évasion une science et de la discrétion une religion.

Il était né riche, à Houston, au Texas, la veille de Noël 1905. Son père possédait une compagnie de matériel de forage qu'il lui laissa à sa mort. Le jeune magnat se trouva alors en mesure de se passer tous ses caprices. La grande époque de Hollywood commençait lorsqu'il eut vingt et un ans, aussi décida-t-il de secouer la poussière du Texas de ses bottes et de se lancer dans le monde merveilleux du cinéma.

Il devint producteur indépendant et marqua immédiatement de son empreinte cette industrie qui le fascina toujours. Il produisit *Scarface,* un classique du film noir qui fit de Paul Muni et de George Raft des stars internationales, et *Les Anges de l'Enfer,* le film dans lequel on vit Jean Harlow pour la première fois à l'écran.

Les actrices avaient du mal à lui résister et Hollywood était plein d'appartements qu'il avait achetés pour des stars et starlettes qui l'adoraient. D'entrée, il leur expliquait qu'elles pouvaient y rester aussi longtemps qu'elles le voulaient, mais à condition de lui réserver leurs faveurs. Ensuite, il les oubliait rapidement. Il sortit avec Jean Harlow, lui donna un fabuleux appartement puis l'ignora. Dans les années trente et quarante, il eut souvent jusqu'à vingt jolies femmes sur sa liste de rendez-vous. Les vedettes aimaient être vues avec lui, et, au temps de sa splendeur, il eut le choix entre Ava Gardner, Elizabeth Taylor, Lana Turner, Ginger Roger, Mitzi-Gaynor et Cyd Charisse.

Les signes avant-coureurs de son excentricité apparurent lorsqu'il découvrit Jane Russell. Il la rencontra chez son dentiste, où elle était réceptionniste, la lança dans *le Hors-la-loi* et commença à être obsédé par ses seins. Il écrivit des pages de consignes aux cameramen concernant la meilleure façon de filmer sa poitrine et inventa un soutien-gorge à armature pour mettre ses rondeurs en évidence.

Mais le cinéma n'était qu'une partie de la vie de Howard Hughes. Cet homme possédant deux compagnies aériennes, Trans World Airlines et Hughes Aircraft, était réellement un magnat à l'échelle de l'Amérique. Il était fou d'aviation et très bon pilote. Pendant la Seconde Guerre mondiale, il décida de faire un effort particulier pour aider son pays et conçut des avions, dont un monstre célèbre, *Hercules,* un hydravion géant de huit moteurs pesant 200 tonnes et prévu pour transporter 700 passagers. Son envergure dépassait la longueur d'un terrain de football et sa queue était plus haute qu'un immeuble de huit étages.

Il mit 50 millions de dollars dans le projet mais le monstre ne vola qu'une fois. Ce fut Hughes lui-même qui le pilota sur à peine 1 500 mètres. Le second avion fut un appareil expérimental de reconnaissance à long rayon d'action en qui Hughes croyait énormément. Il s'écrasa avec Hughes aux commandes ; celui-ci fut grièvement blessé. Il souffrit toute sa vie de cet accident qui provoqua chez lui une dépendance à la drogue.

Parfois, fatigué de sa façon de vivre, il disparaissait pendant six mois. Pendant l'une de ces escapades, il pilota un avion privé jusqu'en Louisiane et fut forcé d'atterrir à cause d'ennuis de moteur. Il marcha jusqu'à la ville la plus proche où il tenta de louer une voiture. Il avait 1 200 dollars sur lui mais pas de moyens d'identification. On appela la police et il fut traîné en prison. Lorsqu'il annonça à un policier qu'il était Howard Hughes, l'autre répliqua : « Vous êtes une cloche. » Il faut dire que notre milliardaire n'était pas rasé, portait un costume sale et froissé, des tennis et un sac en papier sous le bras contenant des sandwiches et du lait. Il ne fut relâché que lorsque la police trouva quelqu'un qui puisse répondre de lui.

Hughes se maria deux fois. La première avec Ella Rice, puis, en 1957, il épousa l'actrice Jean Peters. Plus tard, elle raconta comment elle fut traitée, c'est-à-dire pratiquement emprisonnée, dans leur résidence de Bel Air. Dès le départ, Hughes insista pour qu'ils fassent chambre à part, mais il exigea aussi qu'ils aient chacun leur réfrigérateur et leurs instruments de cuisson. Personne, pas même sa femme, n'avait le droit de toucher à sa nourriture. Le mariage se termina par le versement de 1 million de dollars. Hughes, qui détestait de plus en plus tout contact humain, se retira dans un bungalow dans le désert, près de Las Vegas. Là, il engagea sa fameuse « Mafia mormone », un groupe d'hommes de foi mormone dont le seul travail était de le protéger de la contamination extérieure.

L'une des principales raisons de cette soif d'isolement venait d'une terreur grandissante des germes. Il déclara à un journaliste : « Tout le monde transporte des germes sur lui. Je veux vivre plus longtemps que mes parents, aussi j'évite les germes. »

Lorsque des visiteurs s'annonçaient, ils devaient se tenir dans un rectangle tracé à la craie sur la route pour qu'on les inspecte avant de les laisser approcher de la porte. Même son médecin ne pouvait l'« examiner » que depuis l'autre bout de la pièce. Près de sa chaise, il gardait en permanence des mouchoirs en papiers. Il ne touchait rien avant de s'être couvert les mains de Kleenex.

Cependant, bien que sa conduite soit étrange, il restait le bon vieux Howard Hughes en affaires. Il prenait plaisir aux dures négociations et adorait tenir des réunions secrètes concernant des contrats de plusieurs millions.

Robert Gross, de la compagnie Lockheed, a toutes les raisons de se souvenir d'une rencontre avec lui, au sujet de la vente de Hughes Aircraft. Hughes insista pour amener Gross loin du bungalow et le conduisit en plein désert, où on ne pourrait les entendre. Ils roulèrent des kilomètres sur des routes de terre d'où s'élevaient des nuages de poussière. Les fenêtres étaient fermées et Hughes voulut qu'elles le restent. Lorsqu'ils stoppèrent enfin, il obligea Gross à boucher tous les conduits d'aération avec des mouchoirs parce qu'il avait peur qu'on les entende du dehors. Le fait qu'il n'y ait pas un chat à des kilomètres à la ronde et que son compagnon soit en train de mourir de chaleur n'y changea rien. Quand la voiture fut hermétiquement close, il passa aux choses sérieuses, aux affaires.

En une occasion, quand Hughes découvrit que sa chambre avait été farcie de microphones, il commanda immédiatement vingt Chevrolet neuves. Quand on lui demanda à quoi vingt voitures pouvaient bien lui servir, il répondit : « J'en utiliserai une différente chaque jour. Personne ne pourra jamais poser des micros dans vingt véhicules, et personne ne saura laquelle je compte prendre. »

Howard Hughes dans son monoplan *Winged Bullet*

Après qu'il eut dépassé la cinquantaine, le bungalow ne lui parut plus assez isolé. Commença alors une existence de nomade, d'un hôtel de luxe à un autre. Chaque fois, le déplacement était effectué dans le plus grand secret ; l'entourage de Hughes déménageait à l'aube empruntant les portes de services ou les escaliers d'incendie en portant le *boss* ficelé sur une civière. Et, dans chaque hôtel, il louait tout le dernier étage. Des gardes qui ne le voyaient jamais se tenaient devant l'appartement, tandis que des caméras vidéo surveillaient les points sensibles tels que les fenêtres des toilettes ou les portes de secours. Ses assistants et la « Mafia mormone » s'installaient confortablement, Hughes se contentant de la plus petite pièce qu'il pouvait trouver. Les fenêtres étaient condamnées et obscurcies et les meubles retirés, à l'exception d'un lit et d'une chaise. On ajoutait ensuite un projecteur, un écran et une grosse boîte de mouchoirs en papier.

Personne ne sut jamais la vérité sur les années précédant sa mort. A ce moment là, James Phelan, un journaliste qui cherchait depuis vingt ans à découvrir ce que Hughes était devenu, fut contacté par deux de ses assistants, Gordon Margulis et Melvin Stewart, qui l'avaient suivi jusqu'à sa mort et lui dévoilèrent toute cette incroyable histoire.

Ils lui racontèrent comment Hughes était devenu un véritable squelette à la suite du régime draconien qu'il s'imposait. Parfois il ne mangeait que du consommé de poulet pendant des semaines, avalant si lentement qu'il fallait le lui réchauffer plusieurs fois. Puis il passait aux bonbons, aux noix et au lait. Ou bien il s'alimentait de glaces pendant des jours, ne consommant qu'un parfum jusqu'à ce que tous les marchands du coin n'en aient plus. Et, quand il consentait à se nourrir normalement, c'était le même menu quotidiennement pendant des jours : steak, salade et petits pois. Les pois étaient inspectés soigneusement, et tous ceux qu'il trouvait trop gros étaient poussés sur le bord de l'assiette.

Il refusait absolument de passer chez le coiffeur et n'y soumit que deux fois en dix ans, obligeant l'homme et la manucure à se laver puis se vêtir comme des chirurgiens avant de l'approcher. Cependant, le coiffeur ne se plaignit pas, Hughes lui avait donné 1 000 dollars...

En quinze ans, Howard Hughes n'accepta que trois fois de recevoir un habitant du monde extérieur, et toujours après s'être fait raccourcir la barbe et les ongles. Mais il gardait l'ongle du pouce plus long car il l'utilisait pour souligner des textes, revisser des écrous et régler son matériel de projection. « C'est mon tournevis, avait-il l'habitude de dire. Ne le coupez pas trop court. »

Ses seuls vêtements étaient une robe de chambre, deux pyjamas, une paire de sandales, un vieux Stetson et quelques caleçons et slips. Parfois, il refusait de s'habiller et se tenait nu dans l'obscurité de sa chambre, une serviette de table dissimulant le bas de son ventre.

Il fallut un tremblement de terre pour forcer Howard Hughes à se montrer en public. Dans la nuit du 23 décembre 1972, alors qu'il occupait le dernier étage d'un grand hôtel de Managua, la capitale du Nicaragua, et que tout le monde dormait, un séisme frappa brusquement le pays. Tout l'hôtel se mit à trembler, le monde parut s'emplir de hurlements et de bruits horribles. Melvin Stewart, un des assistants mormons, se leva d'un bond et parvint, à travers les décombres, jusqu'à la chambre de Hughes. Il put le persuader de s'habiller. « Il était certainement l'homme le plus calme de tout Managua », raconta-t-il plus tard au sujet de Hughes.

Ils le ficelèrent sur une civière et l'évacuèrent de l'hôtel, au milieu des gravas, jusqu'à une Mercedes encore intacte, sur le parking. Le petit groupe alla ensuite s'installer sur un terrain de base-ball, loin du danger que représentaient les immeubles qui s'écroulaient.

Le soleil se leva sur un paysage chaotique. Tout était destruction. La fumée et la poussière recouvraient encore ce qui restait d'une ville frappée par l'un des pires séismes des temps modernes. Hughes murmura quelque chose au sujet d'argent qu'il faudrait donner pour rebâtir l'hôpital, puis il resta tranquille un moment avant de demander qu'on le rentre. Il fut alors emmené chez le président Somoza et enfermé, à sa demande, dans une petite cabine de bains, près de la piscine. Comme la lumière lui faisait mal aux yeux, quelqu'un trouva une couverture pour masquer la fenêtre.

Un jet privé vint le chercher pour l'amener en Floride mais, à peine arrivé, il voulut qu'on le transporte à Londres. Là, il trouva refuge au dernier étage du London's Inn. Et la vie reprit, chaque jour ressemblant au précédent, morose. Cependant, lorsque Hughes appris qu'après douze ans d'un procès féroce avec la TWA, la Cour suprême avait reconnu son bon droit et classé une affaire où il risquait d'avoir à payer 170 millions de dollars, il se montra soudain très gai.

Sa bonne humeur était déjà un événement en soi, mais ses proches furent encore plus surpris lorsqu'il déclara qu'il voulait piloter de nouveau. On se précipita pour lui trouver des vêtements. Margulis s'occupa de l'achat de costumes et chemises, tandis que les autres essayaient de trouver dans tout Londres une veste de pilote en cuir et un vieux Stetson. Il ne fut pas autorisé à piloter lui-même mais on lui permit d'être le copilote d'un jet privé. Hughes parut grandement apprécier ce moment de liberté.

Mais la récréation fut de courte durée. Quelques semaines plus tard, il tomba dans sa salle de bains et se cassa la jambe. Bien qu'il eût quatre docteurs à son service et que ses dons pour la recherche médicale se comptassent par millions, il refusa d'écouter quiconque et ne remarcha jamais, ce qui ne l'empêcha pas de continuer à déménager d'un endroit à un autre, toujours ficelé sur sa civière.

Il entra dans le coma dans une chambre obscure de l'Hôtel Acapulco, à Mexico. Pendant que des jeunes gens riches et beaux s'amusaient dans le reste de l'hôtel, exposant leur musculature bronzée aux rayons du soleil, un médecin contemplait, horrifié, le corps du fameux Howard Hughes. Un corps brisé par l'abus de la drogue et la malnutrition. Hughes ne pesait pas 45 kg. Ses cheveux et sa barbe avaient poussé jusqu'à sa taille, ses ongles ressemblaient à des griffes. Il mourut dans l'avion qui le ramenait à Houston.

Le châtelain nu

Il allait à la chasse en tenue d'Adam

La neige, la glace et le blizzard n'avaient que peu d'importance pour John Mytton, propriétaire terrien du Shropshire. Qu'il vente ou qu'il gèle, il chassait dans la tenue qu'il portait à sa naissance, poursuivant le canard sauvage sur les étangs gelés, nu comme la main. Ensuite, il trottinait jusque chez lui où il avalait, comme chaque jour, jusqu'à huit bouteilles de porto ou de cognac.

« Jack » Mytton fut l'un des hommes les plus extravagants qui fréquenta jamais le monde de la chasse anglais. Il ne vivait que pour l'excitation et le danger, se divertissant d'escapades où la plupart des autres chasseurs auraient laissé leur vie.

Son équipement de chasse pour l'hiver, même lorsqu'il gelait à pierre fendre, consistait en une veste légère, un pantalon de coton et des bas de soie. Ses bottes étaient aussi fines que des chaussons de danse, et une paire ne durait pas plus de deux jours. Mais il se débarrassait souvent de ces vêtements légers dans l'excitation de la poursuite, lorsqu'il brisait la glace des étangs ou pataugeait dans le bourbier des marécages.

Rien ne pouvait l'arrêter. Il conduisait son cabriolet comme les Romains devaient piloter leurs chars, dans l'arène, éclatant de rire chaque fois qu'il échappait au désastre. Un jour, il fit passer son cabriolet à pleine vitesse sur l'entrée d'un terrier pour voir s'il se renverserait, ce qui arriva aussitôt. Une autre fois, il fit sauter cheval et cabriolet par-dessus le portail de l'octroi, et sortit indemne du désastre qui s'ensuivit.

Lorsque Mytton, la catastrophe faite homme, découvrait un moyen de mettre un peu de sel dans sa journée, il aimait en faire profiter ses amis. A un compagnon qui se plaignait de sa conduite

John Mytton monte un ours au cours d'un dîner

trop rapide, il demanda : « Vous êtes-vous déjà retourné avec un cabriolet ? »

« Non, grâce à Dieu ! » répondit l'autre.

« Quel lambin vous avez été toute votre vie ! » s'exclama Mytton, en faisant immédiatement passer une roue sur une banquette de gazon. Il ne fut pas blessé dans l'accident, pas plus que son ami.

Né en 1796, Mytton descendait d'une longue lignée de propriétaires terriens du Shropshire qui envoyaient leurs fils au parlement et étaient très appréciés de la bonne société campagnarde. A la mort de son père, il hérita du berceau de la famille à Halston Hall et d'une petite fortune qui lui assurait de jolis revenus. Il dilapida le tout en moins de quinze ans.

Quand des amis tentèrent de le mettre en garde, il les ignora. On trouva un jour des paquets de factures dispersés dans tout le domaine, notes probablement jetées par Mytton. Il ne savait jamais combien il donnait à ses serviteurs pour les achats de la maison. A Doncaster, il perdit plusieurs milliers de livres, ses gains aux courses, quand les billets furent éparpillés par le vent alors qu'il les comptait.

Sa conduite tapageuse était très mal vue par les familles élégantes du voisinage, mais les travailleurs du domaine adoraient ses bouffonneries. Lorsqu'ils l'apercevaient sur la route, ils l'applaudissaient, car c'était un homme généreux qui méprisait les distinctions de classe qu'on faisait à son époque. Ils l'aimaient aussi parce que c'était un battant. Lourdement musclé, il s'affrontait à des chiens, et même des ours, quand il était plein de porto et avait envie de se détendre. Un jour, un mineur gallois troubla sa chasse. Mytton sauta de son cheval et défia le mineur à la boxe. Ils combattirent à vingt reprises avant que le mineur abandonne. Mytton, admirant son courage, lui donna un demi-souverain.

Le châtelain extravagant adorait choquer ses amis et rire de leurs réactions à ses fredaines. Il arriva un soir à un dîner en habit de chasse et montant un ours marron. Pour que l'ours aille plus vite, il l'éperonnait. L'animal, rendu fou, planta ses dents dans le mollet de son « cavalier ». La plaisanterie finit là et il fallut appeler un docteur de toute urgence.

Mais Mytton était généralement gentil avec les animaux. Son cheval de chasse favori s'appelait Baronet. C'était un petit cheval borgne qui avait été sa monture dans les hussards. Il pouvait sauter 8 mètres au-dessus de l'eau.

Bien que ne se souciant guère de son confort, il lui arrivait, par mauvais temps, de frapper à la porte d'un cottage et de demander la permission de réchauffer son cheval devant le feu.

Il donna à une autre de ses montures favorites, Sportsman, une bouteille de porto pour que l'animal ait moins froid. Le cheval l'avala d'un trait... et tomba raide mort.

Vers 1830, les amis de Mytton prirent l'habitude de hocher la tête et de déclarer que le « pauvre Jack était fini ». Constamment ivre et affaibli par la vie qu'il avait menée, couvert de dettes, Mytton dut fuir vers la France pour éviter ses créanciers.

Mais, avant de partir, il lui arriva une dernière aventure. S'apercevant qu'il avait le hoquet et sachant qu'il suffisait de subir un choc pour qu'il disparaisse, il mit le feu à sa chemise de nuit. Le hoquet disparut, mais ses amis arrivèrent juste à temps pour le sauver de brûlures graves.

Il détesta la vie sur le continent et passa des mois à soupirer après les terrains de chasse du Shropshire. N'y tenant plus, et bien que ce fut folie, il rentra. Les huissiers l'attendaient.

Il mourut en 1834, dans une prison pour dettes, à l'âge de trente-huit ans. Plus de 3 000 amis et compagnons de chasse assistèrent à ses funérailles.

Une kleptomane de classe

Elle collectionna les auteurs célèbres
et l'argenterie des autres

La ronde et enjouée Lady Cork, épouse du septième comte de Cork and Orrery, était une femme immensément populaire qui enchanta même ce géant bougon de la littérature qu'était le Dr Johnson. Mais elle avait un petit défaut : la malencontreuse habitude de collectionner des objets qui ne lui appartenaient pas.

Cette « tendance » était si connue que, lorsque ses hôtes la priaient à dîner, ils mettaient l'argenterie à l'abri et ne laissaient que des couverts en étain sur les tables, qu'elle s'empressait de dérober et de dissimuler dans son manchon. Quand elle revenait d'une visite à la campagne, sa femme de chambre ramassait dans ses bagages tout ce qu'elle savait ne pas lui appartenir, en faisait un paquet et le renvoyait avec un mot d'excuse.

Personne ne sut jamais quand cette habitude fâcheuse la prit pour la première fois. Pendant toute sa vie, fort longue – elle vécut quatre-vingt-quatorze ans –, elle adora la bonne compagnie. Comme elle était l'une des hôtesses les plus en vue de Londres, elle collectionna d'abord les auteurs célèbres. Lorsque son autre collection, moins orthodoxe, fut connue, un bel esprit déclara que la pauvre Lady Cork s'ennuierait certainement à mourir au paradis puisqu'il n'y avait rien à y faucher.

Avant d'épouser Lord Cork, en 1786, elle était simplement Mary Monckton. Son goût précoce pour la littérature fit longtemps croire aux gens qu'elle deviendrait un bas-bleu, mais elle devint une femme d'esprit étincelante. Elle reçut souvent le Dr Johnson chez sa mère, à Charles Street, sur Berkeley Square, et celui-ci eut beaucoup d'affection pour elle.

Fanny Burney, qui fit de très vivants récits des figures remarquables du XVIIIᵉ siècle la décrivit comme étant « très petite, très grasse, mais belle, habillée splendidement, fardée discrètement tout en étant désireuse d'être remarquée et admirée... »

En tout cas, elle gagna l'admiration de Lord Cork et devint sa deuxième femme à l'âge de quarante ans. Cette union ne fit qu'accentuer son goût de recevoir et tous les gens célèbres de son époque défilèrent chez elle ; parmi eux, Lord Byron, Sir Walter Scott, Sheridan et le prince Régent lui-même. Elle continua à recevoir bien après sa quatre-vingt-dixième année.

Ses salons, où se rassemblaient les célébrités, étaient meublés d'une façon bizarre. Il n'y avait rien à part des douzaines de grands et beaux fauteuils alignés le long des murs. Ils étaient fixés au plancher et il était impossible de les déplacer. On suggéra en riant que, comme Lady Cork avait des difficultés à distinguer ce qui était à elle de ce qui était aux autres, elle avait peur que ses invités rencontrent le même problème.

Lorsque Lady Cork faisait ses achats, les marchands de Londres ne la laissaient jamais choisir un objet dans son carrosse, comme c'était alors la coutume. Ils insistaient toujours pour qu'elle entre dans la boutique et un assistant était chargé de la suivre partout pendant qu'elle circulait dans le magasin.

Un jour, elle vola même un hérisson. Il appartenait à l'un des portiers de l'hôtel où elle était descendue. Étant apprivoisé et sans danger, on le laissait aller et venir dans l'entrée, ce qui amusait la clientèle. Lady Cork ne put résister. En partant, elle se pencha et le mit dans son sac. Mais, après quelques kilomètres de route avec la petite créature, elle se rendit compte qu'elle avait commis une erreur. Au premier arrêt, dans une boulangerie de campagne, elle l'échangea contre un cake. Elle était parvenue à convaincre le boulanger que les hérissons faisaient merveille contre les scarabées noirs, ajoutant qu'elle connaissait des boulangeries qui en étaient infestées !

En une autre occasion, en quittant une réception, elle s'en alla dans le carrosse d'un autre invité et le garda une demi-journée avant que son propriétaire furibond ne vienne le récupérer. Lady Cork ne s'excusa pas mais se plaignit que le marchepied du véhicule soit trop haut pour ses courtes jambes.

Elle était très fière de sa mémoire et, à quatre-vingt ans, était encore capable de réciter la moitié d'un livre par cœur. Quand elle se rendit compte qu'elle commençait à faiblir, elle garda toujours à ses côtés une jeune compagne qu'elle nommait « ma mémoire ».

Sir Joshua Reynolds peignit Lady Cork quand elle était jeune et impétueuse, mais un croquis esquissé par une nièce – lequel existe encore –, la montre comme elle était vraiment. En dessous, on a écrit :

« Regardez-moi soigneusement
Car, à quatre-vingt-treize ans,
J'ai conservé toutes mes facultés.
Je mange, je bois, je ris, et je dors comme un bébé. »

La fossoyeuse littéraire

Pour elle, Shakespeare n'était qu'un braconnier illettré

Si le fantôme de William Shakespeare s'était promené dans l'ombre de l'église de Sainte-Trinité, à Stratford-upon-Avon, une nuit obscure de septembre 1856, il aurait certainement été surpris d'apercevoir une vieille fille américaine assise sur sa tombe.

Une lanterne projetait une lueur inquiétante à ses pieds, et elle tenait une petite pelle à la main. Elle relut une nouvelle fois l'inscription gravée sur le tombeau :

« Braves amis, pour l'amour de Jésus,
Ne creusez pas la poussière qui se trouve ici.
Béni soit celui qui épargnera ces pierres
Et maudit soit celui qui dispersera mes os. »

Pourtant, c'était exactement ce que Delia Salter Bacon avait l'intention de faire. Elle tenait absolument à prouver que Shakespeare n'avait pas, ne pouvait pas, avoir écrit ces pièces et ces sonnets immortels. Le secret du véritable auteur se trouvait justement dans cette tombe.

Delia Bacon, institutrice et conférencière de salon avait fait le voyage depuis la Nouvelle-Angleterre pour vérifier sa théorie.

Elle était persuadée que l'œuvre de Shakespeare avait été écrite par un groupe d'auteurs élisabéthains ayant à sa tête Sir Francis Bacon. Bien que ne lui étant pas apparentée, Delia était convaincue que seul un homme aussi brillant que Bacon avait pu concevoir des pièces telles que *Hamlet* et *Le Roi Lear*. Ses amis, qui comprenaient des figures importantes de la littérature, ne pouvaient s'empêcher de grimacer lorsqu'elle appelait Shakespeare « ce braconnier vulgaire et illettré... » Mais personne n'arrivait à la persuader du contraire.

Delia naquit le 2 février 1811, dans une cabane de rondins construite par son puritain de père dans la ville fantôme de Tallmadge, dans l'Ohio. Ville qu'il avait l'intention de transformer en Utopie. Malheureusement, personne n'accepta de se joindre à lui. Il dut vendre et retourner en Nouvelle-Angleterre où il tenta de vivre en vendant des bibles, en prêchant et enseignant. Le pauvre homme mourut en août 1817. Sa veuve, laissée sans argent, avec six enfants à nourrir, fit de son mieux. Elle confia ses petits à des amis ou relations plus à l'aise. Delia alla vivre chez les Hartford où, pendant neuf ans, elle reçut la meilleure éducation possible.

A quinze ans, elle décida de gagner sa vie. L'enseignement lui paraissant la seule profession possible, elle loua une chambre dans le Connecticut et ouvrit, avec sa sœur Julia, une école pour jeunes filles. Beaucoup d'autres suivirent, mais aucune ne rapporta et les deux jeunes enseignantes se débattirent longtemps dans les dettes.

Mais Delia avait découvert Shakespeare. Ses pièces devinrent le centre de toutes ses lectures. Ses élèves l'écoutaient, bouche bée, lire *Hamlet* ou *Roméo et Juliette* avec passion.

Fatiguée de la vie des petites villes, elle partit pour New York à l'âge de vingt ans et s'installa chez la veuve d'un pasteur, à Broadway. L'école qu'elle y ouvrit n'eut pas plus de succès que les autres, mais Delia trouva une bien meilleure façon de gagner sa vie.

Elle décida de devenir célèbre grâce à sa plume. Inspirée par les histoires de son enfance, elle écrivit un livre, *Contes des puritains,* qui fut bien reçu. Puis elle connut un certain succès lorsque le *Philadelphia Saturday Courier* lui décerna un prix de 100 dollars pour une histoire intitulée *Martyr de l'amour,* conte qui fut préféré à une œuvre d'Edgar Allen Poe.

Comme auteur, elle fut reçue par la bonne société de la Nouvelle-Angleterre. C'était une jeune femme attirante, avec des cheveux bruns ondulés, des yeux gris-bleu et une jolie peau, très pâle, mise en valeur par les vêtements noirs qu'elle portait toujours. Sa conversation était brillante mais elle étonnait les gens par son manque de féminité.

Après l'échec de son œuvre suivante, une pièce écrite dans un langage pompeux et à l'intrigue invraisemblable, elle trouva enfin sa véritable vocation : conférencière en histoire et littérature. Delia aurait pu parler de Shakespeare et de l'époque élisabéthaine jusqu'à la fin de ses jours, mais deux expériences malheureuses l'en empêchèrent.

D'abord, elle eut la « révélation divine » que le grand Will Shakespeare était un imposteur. Ensuite, à l'âge délicat de trente-cinq ans, elle rencontra le révérend Alexander McWhorter.

Levant les yeux d'un livre, elle croisa un jour le regard de cet étudiant en théologie de vingt-trois ans et en tomba follement amoureuse. Malheureusement, le pieux étudiant de Yale était aussi un franc salaud. Attiré par ses charmes, McWhorter lui fit une cour appuyée en lui laissant entendre que c'était sérieux. Il l'escorta partout et la flatta outrageusement. Lorsque la pauvre fille rompit, à cause de la différence d'âge, il continua de la suivre.

Leur liaison fit jaser toute la ville. Sa famille, choquée et craignant pour sa réputation, annonça leurs fiançailles, ce qui eut pour effet de faire fuir le lâche McWhorter.

Le scandale fut épouvantable. L'amoureux hésitant fut traîné devant un tribunal ecclésiastique sous l'inculpation de « diffamation, mensonge et conduite déshonorante pour un ministre du culte chrétien ». Hélas, quand on demanda à Delia de témoigner, elle se contenta d'éclater en sanglots. Le goujat en profita pour se justifier.

Delia s'enfuit dans l'Ohio pour se remettre de tant de désordre et continua ses études. McWhorter parti, elle était maintenant prête à affronter Shakespeare. Car son attitude avait changé. La vérité l'avait frappée aussi vite que la foudre. Ce braconnier de Stratford n'était qu'une façade. Les pièces n'avaient pu être écrites que par les esprits les plus fins de l'époque, des hommes comme Sir Francis Bacon, Sir Walter Raleigh et le poète Edmund

Spenser. N'étaient-ils pas des idéalistes aux dangereuses idées démocratiques qui auraient payé de leur tête pour les choses que d'autres pouvaient dire ? Tandis que ce bourgeois de Shakespeare...

De retour en Nouvelle-Angleterre, Delia dévoila sa « révélation » au cours de ses tournées de conférences. Les jeunes demoiselles et leurs mamans se montrèrent horrifiées par ces attaques contre le grand Will. Quant à ses amis... Ce devint un sujet tabou. Si, par malheur, quelqu'un mentionnait le nom de Shakespeare, elle se lançait immédiatement dans d'interminables discours.

Mais Delia trouva un précieux allié parmi l'un des géants du monde de la littérature, Ralph Waldo Emerson. Elle lui expliqua qu'elle devait se rendre en Angleterre pour poursuivre ses recherches mais qu'elle n'avait pas d'argent. Dans la correspondance de Francis Bacon, celui-ci laissait entendre que des manuscrits importants et un testament avaient été enterrés avec Shakespeare. Il fallait qu'elle les trouve.

Emerson l'invita chez lui à Concord, lui donna des lettres d'introduction et la mit en rapport avec un riche New-Yorkais, Charles Butler, qui promit de soutenir ses recherches pendant six mois.

Le 14 mai 1853, Delia monta sur le *Pacific,* en rade de New York, en partance pour l'Angleterre. Dans sa poche se trouvait une lettre pour le grand historien anglais, Thomas Carlyle.

A son arrivée en Angleterre, elle se rendit directement à Stratford-upon-Avon, pénétra dans l'église de la Sainte-Trinité et alla se planter devant la statue de l'« imposteur ». Un regard lui suffit. Ce fils de commerçant à moitié éduqué n'avait jamais eu une once de poésie en lui.

Elle trouva à se loger à Londres et, grâce à la lettre d'Emerson, fut invitée à prendre le thé par Carlyle. Lorsqu'elle lui expliqua le but de son voyage, il explosa. « Voulez-vous dire que tous les spécialistes de Shakespeare ont tort et que vous êtes ici pour rétablir la vérité ? »

« Oui, répondit-elle fermement. Et malgré tout le respect que j'ai pour vous, monsieur Carlyle, je vous déclare que vous ne connaissez rien au théâtre si vous croyez que ce crétin a pu écrire cela ! »

Il laissa échapper un cri étranglé. « Tu aurais dû l'entendre, écrivit-elle à sa sœur. J'ai cru qu'il allait traverser le plafond. »

Pourtant, Carlyle fut impressionné par son assurance. Pendant les années qu'elle passa en Angleterre, il fit tout ce qu'il put pour l'aider.

Il fallut trois ans et demi à Delia pour avoir l'autorisation d'ouvrir la tombe. Mais Charles Butler avait perdu patience depuis longtemps. Quant à Emerson, il désespérait de la voir publier un jour le résultat de ses recherches. Elle en fut bientôt réduite à vivre de petits travaux, se privant même de feu en plein hiver. Ce fut lorsqu'elle se trouva au plus bas qu'un autre ange de la littérature vint à son aide. Nathaniel Hawthorne, le célèbre écrivain américain qui était consul des États-Unis à Liverpool. Delia lui écrivit pour lui faire part de sa détresse. Se rendant compte de la solitude qui devait être la sienne, et bien que peu fortuné, il lui expédia immédiatement de l'argent.

Un jour, de passage à Londres, il en profita pour lui rendre visite et la trouva chez un épicier, louant une chambre au-dessus de la boutique. Sur son bureau, il y avait une copie des lettres de Francis Bacon. Elle lui dit qu'elles contenaient des instructions sur le moyen de trouver un testament dans l'espace compris entre la pierre tombale et le cercueil. Ce qui expliquait le terrible avertissement gravé sur la pierre.

Hawthorne décida de publier son livre, à ses frais, et celui-ci parut en avril 1857. Delia attendit le jugement du monde. Malheureusement, les acclamations tant souhaitées ne vinrent pas. Les critiques trouvèrent que l'ouvrage n'avait ni queue ni tête, certains parlant même de sacrilège. N'avait-elle pas eu le toupet de traiter le Barde de « traître » et de « mécréant » ? N'avait-elle pas osé lui demander ce qu'il avait fait des manuscrits originaux ?

Les historiens de la littérature furent stupéfaits par les théories de l'auteur. Où sont vos preuves ? demandèrent-ils. Même Hawthorne parut la lâcher, suggérant que ses idées étaient « romantiques ».

Delia, dépitée par la façon dont on traitait l'œuvre de sa vie, décida qu'il était temps d'ouvrir la tombe. Elle se rendit à Stratford-upon-Avon et trouva un logement chez Mme Terrett, sur College Street, puis elle commença à hanter l'église de la Sainte-Trinité, s'y rendant après la tombée de la nuit avec une chandelle ou une lanterne, lorsque les visiteurs étaient repartis et que l'église était vide.

« Surtout, ne mettez pas de désordre, madame », lui recommandait le bedeau, nerveux.

« Je vous le promets. »

Le vicaire, impressionné par sa sincérité, finit par l'autoriser à ouvrir la tombe. Mais il lui fit jurer de ne pas toucher au cercueil. Et, un soir de septembre, elle décida que le moment était venu. Elle s'était déjà confiée à sa logeuse. Ce soir-là elle demanda à Mme Terrett d'être sa complice.

Elles pénétrèrent ensemble dans l'église après la tombée de la nuit. Mais Mme Terrett fut si effrayée qu'elle passa la pelle à Delia et s'enfuit affolée. Delia rassembla ses jupes autour de ses jambes, posa la lanterne sur le sol et s'y agenouilla pour lire une nouvelle fois l'avertissement... « Et maudit soit celui qui dispersera mes os. » Elle aussi avait peur de la tâche qui l'attendait et de l'obscurité. Soudain, il y eut comme un froissement, suivi de bruits de pas. Le duvet couvrant sa nuque délicate se hérissa. Mais ce n'était que le bedeau. Il promit de la laisser seule et de revenir plus tard.

Une heure passa, puis une autre. Les seuls bruits audibles étaient le tic-tac d'une horloge quelque part et la sarabande des souris dans la poussière. Delia se sentit brusquement moins sûre d'elle. Qu'arrivera-t-il, se demanda-t-elle, si je soulève la pierre et ne trouve rien, rien du tout ? Et si elle avait mal compris Bacon ? Dans ses lettres, bien sûr, il faisait référence à une tombe, mais s'il avait voulu parler de la sienne ? Ces papiers, qu'il décrivait, ne se trouvaient-ils pas plutôt dans sa propre tombe ?

L'horrible vérité se fit lentement jour en elle... Elle n'aurait pas le courage d'aller jusqu'au bout. Lorsque le bedeau revint, elle n'avait pas bougé. Elle lui tendit la pelle sans un mot et disparut dans la nuit. C'était la fin de ses années de travail et elle se sentait épuisée.

Delia commença à perdre la raison. Elle se mit à souffrir d'hallucinations. Cependant, comme elle aimait Stratford, elle décida d'y rester, trouvant un nouveau logement dans High Street. Elle écrivit à Hawthorne : « Je me sens beaucoup plus chez moi ici qu'en Amérique. »

Mais la pauvre Delia ne put rester longtemps. On l'enferma dans un asile, avant de l'expédier dans sa famille.

Peu de gens lurent son livre. Parmi eux, Mark Twain, qui fut convaincu et ne parla que de cela pendant des semaines et les Baconistes qui se servent de ses arguments depuis que l'ouvrage a été publié.

Delia Bacon mourut dans le calme, le 2 septembre 1859, en possession de toute sa raison. Pendant que la vie se retirait lentement d'elle, la pauvre femme ne mentionna pas une seule fois Will Shakespeare.

Le lit céleste

La cure facile du Dr Graham
pour les problèmes matrimoniaux

Une des merveilles du monde médical, dans le Londres du XVIIIe siècle, fut un médecin écossais nommé James Graham qui inventa un « lit céleste », capable selon lui de rendre fertiles les couples stériles.

Le Dr Graham abandonna sa clientèle d'Édimbourg pour ouvrir, à Londres, un Temple de la Santé, lieu réservé à une pratique plus huppée. Il était persuadé qu'on pouvait fortifier le corps à l'aide d'ondes magnétiques et électriques, celles-ci ayant la propriété de guérir pratiquement tout, y compris l'impuissance.

Son lit céleste était un meuble magnifique, décoré de chérubins et posé sur huit pieds de cuivre. Les couples sans enfant se voyaient demander jusqu'à 500 livres pour passer une nuit ensemble entre ses draps de soie. Graham avait une foi particulière dans la batterie d'aimants attachés au lit, qui, disait-il « émettaient continuellement vers l'avant en un cercle perpétuel ».

Sa renommée commença à s'étendre vers 1770. Beaucoup pensaient que c'était un charlatan mais il croyait implicitement à ce qu'il faisait. Il pensait aussi qu'il fallait faire payer cher les patients. Son premier Temple fut suivi d'un second, sur Pall Mall. Lumières tamisées et musique douce, déjà. Rien n'était trop beau ni trop coûteux pour la décoration. Graham s'occupait de problèmes sexuels, de beauté se fanant, de nerfs déficients dans des cabinets qui ressemblaient à des boudoirs.

Horace Walpole, qui visita le premier Temple en août 1780, raconte que, parmi d'autres expériences étonnantes, il entendit

Conférence du Dr Graham à Edimbourg

une femme invisible « chantant dans les escaliers sur fond de clarinettes ».

Le Dr Graham disposait un peu partout dans son Temple de jeunes beautés drapées comme des déesses grecques. Une d'elles fut la belle Emma Hart, plus tard Lady Hamilton et maîtresse de Lord Nelson. Étant sa « Déesse de la Santé », favorite on murmura qu'elle apparaissait sans le moindre voile et qu'elle fit un jour une démonstration de bain de boue dans cet appareil devant une assistance en transe. Certains volèrent au secours d'Emma et jurèrent que Graham ne l'avait exhibée qu'à partir du cou, et vers le haut, se contentant de lui faire porter une coiffure compliquée, légèrement poudrée et ornée de perles, de plumes et de fleurs.

Graham était lui-même un bellâtre élégant, toujours vêtu de lin blanc. Il ne fréquentait que les beaux quartiers de Londres, une canne à pommeau d'or dans une main, un bouquet dans l'autre.

Dans son Temple, des serviteurs noirs l'aidaient à administrer des bains spéciaux aux patients, à les asseoir sur des trônes magnétiques et à calmer leurs nerfs avec de la musique douce et des massages. Il faisait un commerce extraordinaire de médicaments, onguents et pilules, le tout en trois tailles et pour trois prix différents.

Il fut, un temps, très à la mode. Mais il n'était pas admiré de tous. Ses idées furent rejetées avec dédain par les autorités médicales de l'époque. Il faut cependant souligner que les bains de boue, l'hypnotisme et les traitements électriques sont encore pratiqués de nos jours.

Très religieux, il croyait beaucoup en la prière. Quand George III tomba gravement malade, il écrivit une prière et demanda qu'on l'épingle sur l'oreiller du roi.

Malgré les énormes ventes de médicaments et la fascination qu'exerçaient ses traitements, son étoile commença à pâlir. Il dut finir par admettre que Londres ne s'était pas convertie à ses théories. Du coup, il regagna la sage Édimbourg et continua à prêcher pour le magnétisme jusqu'à ce que les Écossais, n'en pouvant plus, le fasse admettre à l'asile.

Vêtements en or
et petits pains au lait

Une brillante poétesse qui choquait ses auditoires

Regardant ses admirateurs de haut, Edith Sitwell leur déclarait : « Je descends, bien sûr, des Plantagenêt... » La parenté était, en vérité, assez lointaine et elle ressemblait plutôt à une Tudor célèbre, la reine Élisabeth I. Mais tous ceux qui la voyaient ne manquaient pas d'être terriblement impressionnés.

Elle mesurait plus d'un mètre quatre-vingts. Son front pâle et altier et ses yeux enfoncés firent de son visage l'un des plus célèbres de son époque. Grande prêtresse reconnue de la poésie anglaise, ses apparitions en public étaient sensationnelles. Elle adorait porter des vêtements amples et tourbillonnants, de brocard ou de velours, décorés de pierres semi-précieuses. Elle se coiffait de turbans dorés et peignait ses ongles dans les mêmes tons. De grosses bagues de topaze ou d'aigue-marine brillaient à ses doigts, des bracelets d'ambre et de jais cliquetaient à ses poignets et sa poitrine était habituellement barrée d'une énorme croix ou d'un collier aztèque en or battu.

Derrière l'image publique se cachait le vilain petit canard qui s'était juré qu'être laide ne l'empêcherait pas de devenir célèbre.

Édith naquit le 7 septembre 1887, au manoir sinistre et hanté de Renishaw Hall, dans le Derbyshire, berceau de la famille Sitwell. Sa mère, Lady Ida, était une beauté ravageuse de dix-huit ans qui avait été forcée d'épouser l'excentrique Sir George Sitwell. Elle fut terriblement déçue lorsqu'elle aperçut l'enfant qu'elle venait de mettre au monde et fit de son mieux pour l'ignorer.

« Mon enfance fut un enfer », dévoila Édith plus tard. Elle

fut certainement très solitaire jusqu'à la naissance de ses frères, Osbert et Sacheverell. Elle le supporta en se réfugiant dans un monde de poésie et de livres.

Le baronet et sa frivole épouse se disputaient dans cesse, mais le scandale fut à son comble lorsqu'on découvrit que Lady Ida était tombée entre les mains d'usuriers et qu'elle fut expédiée à la prison pour dettes d'Holloway. Sir George, ou Ginger, comme l'appelaient ses enfants, ne s'intéressait vraiment qu'à deux choses, le nom des Sitwell et l'argent. Quand il s'aperçut qu'Édith avait une légère déformation de la colonne vertébrale, il l'obligea à porter un corset de fer toutes les nuits dans l'espoir de la redresser, ce qui la rendit folle de rage.

Édith ne fut jamais impressionnée par l'éducation Sitwell. A un ami de la famille qui lui demandait ce qu'elle aimerait faire plus tard, l'enfant de cinq ans répondit : « Devenir un génie. » Adolescente, elle se rebella avec esprit. Lorsque ses parents l'emmenaient aux courses, elle tournait le dos à la piste. Un jour, elle s'arrangea pour être très malade au beau milieu d'un concert à l'Albert Hall, et elle prit l'habitude de porter de longues robes de velours noir alors que les gentilles filles se vêtaient de tulle blanc. « Si vous ressemblez à un lévrier, pourquoi tenter de se faire passer pour un pékinois ? » avait-elle coutume de dire.

Édith supporta la vie de Renishaw jusqu'à l'âge de vingt-cinq ans, puis, à son grand soulagement, on l'autorisa à faire ses paquets et à partir pour Londres avec sa gouvernante, Helen Rootham, comme chaperon. Renishaw était peut-être lugubre, mais on y vivait dans le luxe. A Londres, ce fut une autre histoire. Pourtant, Édith vécut heureuse dans un appartement minable au quatrième étage d'un immeuble à Bayswater, où elle suivit un régime de potages, haricots et petits pains au lait. Elle était libre.

A partir de cet instant elle consacra sa vie entière à devenir un poète majeur. Son premier poème « Soleils noyés » fut publié dans le *Daily Mirror* ce printemps-là et lui rapporta l'énorme somme de 2 livres. C'était peu mais ce fut suffisant pour qu'elle garde le *Mirror* dans son cœur pour le restant de ses jours.

En une décade, elle trouva respect, notoriété et renommée. Avec ses frères, deux célébrités littéraires, elle forma un trio qui étonna et intrigua tout le monde. Spirituels et intelligents, théâtralement drapés dans des capes noires flottantes, ils étaient uniques.

L'appartement d'Édith devint le rendez-vous d'une partie de la gent littéraire de Londres : Aldous Huxley, Virginia Woolf, T.S. Eliot, Dylan Thomas... Ils grimpèrent tous ces quatre étages d'escaliers en béton pour être accueillis par la « Grande Prêtresse ». Là, on ne servait que du thé très fort et des petits pains au lait. Elle n'invitait personne à dîner, disait-elle, parce que « la cuisine est trop primitive... »

Dame Edith Sitwell en route pour Hollywood

Mais, bientôt, elle se heurta à l'incompréhension du public. En 1923, avec le compositeur William Walton, elle écrivit un divertissement surréaliste en vers, *Façade*. La pièce fut jouée derrière un rideau, avec un trou par lequel le texte était récité à l'aide d'un mégaphone. Un vrai désastre ! Personne n'y comprit rien et certains partirent avant la fin. Ce fut le cas, par exemple, de Noël Coward qui, rentré chez lui, écrivit un sketch intitulé « La Famille suisse Whittlebot » dans lequel Hernia Whittlebot récitait des poèmes obscurs avec ses deux frères, Gob et Sago. Édith s'alita avec une jaunisse et refusa de parler de Coward pendant quarante ans. Plus tard, évidemment, *Façade* devint un brillant succès.

À quarante ans, Édith commença à apprécier vraiment son rôle de célébrité. Cecil Beaton avait finalement effacé le souvenir des remarques sans tact de ses parents au sujet de sa laideur, déclarant qu'il la trouvait plutôt belle et la photographiant sans cesse, une fois même, dans un cercueil ! Ses apparitions en public devinrent de plus en plus extraordinaires. Pour assister à un récital elle arriva dans un manteau chinois doré et tacheté de vert sur une robe de satin noir, le tout accompagné d'un chapeau Tudor clouté d'or et encadré de deux écharpes de mousseline noire. Autour et sur elle tout scintillait et cliquetait. Et personne n'aurait pu deviner que pour elle une soirée parfaite commençait au music-hall et se terminait devant une soupe à l'oignon et un steak arrosés de bière !

Sa vie fut ponctuée de disputes orageuses et de menaces de procès. Bien que bonne et généreuse, elle pouvait se montrer très irritable. Elle haïssait, par exemple, D.H. Lawrence parce qu'elle était persuadée qu'il s'était servi de Renishaw Hall pour planter le décor de l'*Amant de Lady Chatterley*. En représailles, elle déclara que sa poésie était « molle, laineuse et chaude... comme un pull Jaeger », ce qui amena Jaeger à la menacer d'un procès parce qu'elle avait dit que leurs pulls étaient chauds !

Elle ne se maria jamais mais tomba follement amoureuse d'hommes impossibles. Son idylle la plus tumultueuse se déroula avec un peintre russe bisexuel, Tchelitchew, qui l'accusa de se conduire comme Jeanne d'Arc et faillit lui briser le cœur. Ses

VÊTEMENTS EN OR ET PETITS PAINS AU LAIT

Dame Edith Sitwell répétant avant la représentation
de son soixante-quinzième anniversaire

relations avec certains de ses jeunes protégés furent également orageuses. Parmi eux, Dylan Thomas, d'abord effrayé à l'idée de la rencontrer, mais qui devint bientôt comme un fils pour elle. Sa conduite exaspérante, particulièrement quand il était ivre, fit qu'elle le menaça : « Il va rapidement se faire tirer les oreilles... » Elle refusa de le voir pendant huit ans, puis lui pardonna « parce que c'est le plus grand poète de sa génération ».

Durant la Seconde Guerre mondiale, Édith et Osbert se retirèrent à Renishaw. Son effort de guerre consista à expédier à ses amis mobilisés d'étranges tricots. Alec Guinness reçut ainsi une paire de chaussettes après avoir rejoint la marine. « Elles étaient très longues, de forme bizarre et avec deux pieds gauches. »

En 1948, à soixante et un ans, elle se rendit en Amérique avec Osbert et Sacheverell. Elle visita les États-Unis, récitant des poèmes et interprétant *Façade* dans une longue robe lamée or. Les auditoires américains en furent hypnotisés. Elle adora l'Amérique, particulièrement Hollywood, où elle se fit une amie de Marilyn Monroe et visita la ville en long manteau de fourrure et sandales.

De retour à Londres, en 1954, elle fut nommé Dame de l'Empire Britannique et se montra très touchée d'être devenue une « institution » adorée du public. Ce qui ne l'empêchait pas de traiter la reine Victoria de « vieille raseuse » dans un livre qu'elle lui avait consacré.

Vers soixante-dix ans, elle se trouva confinée dans un fauteuil roulant, mais cela ne la gêna pas pour se rendre à Londres et y recevoir deux fois par jour ses amis au restaurant malgré un compte en banque débiteur.

La dernière fois qu'elle lut des poèmes en public, ce fut deux ans avant sa mort. « Ma représentation d'adieu », dit-elle. Pour l'occasion, elle porta une robe de velours rouge aux manches de satin rouge. Sur la poitrine, son grand collier aztèque, sur la tête un chapeau doré, aux pieds des chaussures dorées. Les ongles de ses doigts lourdement bagués peints en vermillon. « Plantagenêt » Édith dut être très satisfaite, ce jour-là. On la traita en effet comme une altesse.

Le plus gros ballon du monde

Vingt années de rêves partent en fumée

Un ardent aérostier, Benjamin O'Neill Stratford, sixième et dernier comte d'Aldborough, consacra sa vie et sa fortune à la construction de ce qu'il voulait être le plus gros ballon du monde.

Né en 1809, dans une famille qui avait déjà donné le jour à des excentriques, il se retira derrière les murs du domaine familial, Stratford Lodge, à Baltinglass, en Irlande. Là, il passa sa vie entière à dessiner et construire son dirigeable géant.

Son atelier était un vaste hangar bâti en granit ciselé de Wicklow, avec des portes de 20 mètres de hauteur et de 15 mètres de largeur. C'est là que, dans le plus grand secret, il travailla vingt ans pour que ses rêves deviennent réalité.

Pendant toutes ces années, il ne fut servi que par un seul domestique, refusant même d'engager un cuisinier et se faisant expédier ses repas tous les jours de Dublin par la diligence. Personne ne le vit jamais accompagné. Il n'allait jamais en ville, refusait les invitations et ne recevait pas. Rien ne pouvait le distraire de sa grande ambition : voir son énorme ballon s'élever dans les airs.

Une fois fini, il comptait le piloter lui-même lors du vol inaugural vers l'Angleterre, puis, de là, il irait en France en traversant la Manche. Il avait déjà acheté un bout de terrain au bord de la Seine, où il espérait être accueilli par la moitié des aérostiers d'Europe.

Le ballon d'Aldborough était pratiquement terminé lorsqu'éclata la guerre de Crimée. Pris d'un grand élan de patriotisme, il l'offrit à l'armée britannique, expliquant qu'il suffirait de rajouter une plate-forme pour le transformer en transport de troupes.

Puis ce fut la tragédie. Un dimanche matin de 1856, Stratford Lodge prit feu. Flammes et étincelles sautèrent dans toutes les directions. Lord Aldborough ne parut guère intéressé par la catastrophe qui frappait le berceau de sa famille. « Sauvez le hangar ! » cria-t-il aux villageois qui s'étaient précipités pour voir l'incendie. On forma une chaîne humaine et des centaines de seaux d'eau furent jetés sur le hangar. Mais c'était trop tard. Le ballon s'enflamma à son tour et ne fut bientôt plus qu'un brasier.

Le cœur brisé par ce désastre, Lord Aldborough sentit qu'il n'avait plus de raison de vivre. Pendant un temps, il vécut dans les ruines du hangar, avec les quelques meubles qu'on avait pu sauver des flammes. Mais il ne retrouva jamais son courage. Même si la volonté avait été là, il n'aurait pu repartir à zéro, car ce qui restait de la fortune familiale avait été dépensé lors de la première expérience.

Il quitta l'Irlande et s'installa à Alicante, en Espagne, où, pour augmenter ses revenus, il éleva des chiens et vendit des pilules médicales. Mais, progressivement, il se remit à vivre en reclus, plus que jamais.

Installé à l'hôtel, il commandait ses repas et les faisait servir dans sa chambre, mais il refusait qu'on vienne chercher la vaisselle sale. Quand une pièce était trop pleine de déchets et autres restes, il passait simplement dans une autre.

Curieusement, ce ne fut pas tout à fait la fin de son ballon. Peter Somerville, qui écrivit un livre sur les excentriques irlandais, raconte que l'église catholique de Baltinglass fut reconstruite avec des pierres provenant du hangar et que toutes les cannes à pêche du coin furent fabriquées à l'aide d'un stock de bambous épargnés par l'incendie.

Un royal libraire

Le roi de Hay-on-Wye qui se couronna lui-même

Un coup de fusil tiré d'une embarcation disloquée sur la rivière Wye, le 1er avril 1977, signala le début d'une nouvelle ère aux résidents de la petite ville galloise de Hay. Bien que la salve n'ait fait qu'étonner une poignée de canards, elle signifiait l'autonomie et l'indépendance vis-à-vis de la Grande-Bretagne, pour ceux, bien sûr, qui étaient partisans d'un libraire extraordinaire, Richard Booth, maintenant connu sous le nom de Roi Richard I de Hay-on-Wye.

Le maire et le conseil municipal annoncèrent qu'ils le désavouaient ; quelques résidents âgés le menacèrent avec des parapluies, tandis que d'autres déclaraient publiquement qu'il avait perdu la raison. Mais Richard I avait un grand nombre de partisans qui, comme lui, étaient fatigués des règles bureaucratiques extérieures qui rendaient leur ville chaque jour un peu plus pauvre, la mettant en danger de disparaître.

Le jour de l'Indépendance, ils chantèrent leur hymne national : *Hay-on-Wye, Hay-on-Wye...,* sur l'air du *Pont de la rivière Kwaï,* levèrent les couleurs du nouvel État libre sur les remparts de la vieille ville, au-dessus de la boutique du roi Richard, firent à moitié cuire un bœuf, quelqu'un se trompant de temps de cuisson, et applaudirent un petit avion qui, venu d'un aéroclub voisin, survola la ville en battant des ailes.

C'était très émouvant, mais cela n'empêcha pas les gens de demander à Richard Booth : « Pourquoi êtes-vous roi ? » Car notre homme, à trente-huit ans, n'avait pas un air très régalien. Il était échevelé, portait des lunettes qui le faisaient ressembler à un hibou, des chaussettes dépareillées et un pantalon tenu par une épingle de sûreté.

« Pour commencer, je suis le plus gros propriétaire foncier de la ville, et puis ç'a été mon idée. Elle m'est venue comme ça, au pub... Si nous voulons l'indépendance, quoi de mieux qu'un roi ? Et qui de mieux que Booth ? »

Le roi Richard possède Hay Castle, une ruine majestueuse bâtie à partir du XIe siècle, brûlée en 1978 et qu'on restaure maintenant de façon ravissante. Mais, et c'est beaucoup plus important, il possède également une chaîne de magasins à Hay, dont l'affaire de livres d'occasion la plus importante du monde. Il a plongé Hay dans la littérature et attire des acheteurs et des vendeurs du monde entier. On estime à 1 250 000 les ouvrages rangés sur des kilomètres de rayons.

Les ancêtres du roi Richard vivaient à Hay depuis toujours. Il reçut l'éducation typique des fils de famille. Rugby, qu'il détesta, puis Oxford qu'il trouva barbant... Là il eut beaucoup d'ennuis, n'arrivant pas à se fondre dans le moule. Pour plaire à son père, qui désirait le voir se lancer dans les affaires et restaurer la fortune de la famille, il travailla dans une étude de la Cité, trois semaines. Il la quitta à la seconde où il apprit que son oncle était mort et avait laissé à son père la maison familiale, Brynmalin, à quelques kilomètres de Hay. Richard se sentait maintenant libre de faire ce que bon lui semblait. Il ouvrit rapidement sa première boutique à Hay.

Son affaire prospéra. Mais les petits métiers de la ville étaient menacés de disparition. Richard décida de les défendre. Avec l'indépendance, déclara-t-il, il y aurait un pain national, fait à Hay, une glace nationale, confectionnée à Hay. Il fit même des plans pour se débarrasser de la compagnie d'électricité, encourageant les habitants de Hay à construire des générateurs actionnés par le vent ou le courant de la rivière.

Quant aux fonctionnaires... « Une petite ville comme Hay est submergée par des douzaines d'agences gouvernementales qui l'étouffent. » Il tenta même de faire fermer l'office du tourisme gallois. La nuit des feux de joie, à Hay, on ne brûle plus l'effigie de Guy Fawkes, mais un mannequin représentant un fonction-

Le Roi Richard I de Hay-on-Wye

naire serrant des bordereaux entre les doigts d'une main et tenant une tasse de thé de l'autre.

« Vous verrez, promit-il aux sceptiques, il y a une foule de choses que nous pouvons faire pour rendre la vie meilleure à Hay. Pour commencer, il y a trop de pêcheurs dans la Wye qui payent des droits à des propriétaires au lieu de les payer à la ville. Nous couperons leurs lignes ! »

Mais le roi Richard ne se contente pas de discours. Il a quelques bonnes idées pour restaurer les finances de sa ville. Il a fait imprimer des passeports qu'il vend 25 pence à tous ceux qui désirent traverser le Wye. Il a même fait fabriquer des billets sur du papier de riz, mais sans aller plus loin que 50 pence, l'équivalent de six francs. Mais son royaume fait surtout des affaires en vendant des titres de noblesse. On peut être duc pour 25 livres, comte pour 15 et chevalier pour 1 livre 50. Inutile de préciser que ce sont les touristes américains qui sont les meilleurs clients.

Mais gouverner seul est difficile. Son jardinier est devenu ministre de l'Agriculture, un voisin, qui se rend à la ville voisine chaque jour, ministre des Affaires étrangères, et un « type rencontré dans un pub » ministre des Finances. Son cheval, bien entendu, devint Premier ministre et une ravissante voisine directrice du bureau de la censure des films.

Hay-on-Wye reçoit maintenant des milliers d'amateurs de livres venus pour acheter et vendre, et on commence à y respirer une odeur de liberté. Depuis ce Grand Jour, en 1977, on célèbre son anniversaire avec panache.

Le maire et la chambre des métiers continuèrent à protester. « Il a rendu notre ville ridicule... Il a bouleversé de vieilles gens... C'est un farfelu. » Le roi Richard se contente d'en rire. Son règne est solidement établi. Il possède même des insignes royaux. Un globe fabriqué à partir d'une soupape à flotteur et un sceptre confectionné avec du câble en cuivre.

Le plus mauvais acteur du monde

Il récrivait Shakespeare

L'action de *Roméo et Juliette* arrivait à sa fin et les amants immortels de Shakespeare allaient bientôt être réunis dans la mort. Mais d'étranges choses se passaient sur la scène. Roméo apparaissait soudain en brandissant un pied-de-biche et, devant les spectateurs stupéfaits, se mettait à ouvrir la tombe de Juliette.

Robert Coates, l'acteur, avait, une fois de plus, décidé d'améliorer les classiques. Il s'était convaincu que la chute de la tragédie de Shakespeare était trop banale et l'avait récrite de manière à ce qu'elle convienne à son talent.

Privés de la tendre scène de la mort, les spectateurs se levèrent en bloc pour le conspuer, le huer et lui jeter des épluchures d'orange. Ses partenaires le supplièrent de sortir de scène, persuadés que des projectiles plus lourds ne tarderaient pas à voler vers eux, mais il n'en fit rien, répondant du tac au tac aux insultes et cris d'animaux, jusqu'à ce qu'un directeur désolé baisse le rideau.

De tels incidents étaient monnaie courante partout où Coates passait. Ce fut probablement le plus mauvais acteur dans l'histoire du théâtre, mais rien ne parvint jamais à le persuader qu'il n'avait pas reçu de « don de Dieu », comme il le prétendait.

Là où il se produisait, il y avait des émeutes, des chahuts, des menaces de lynchage, et de véritables tempêtes de rire. Ses partenaires étaient souvent paralysés par l'embarras ou la peur. Au cours d'une représentation de *Roméo et Juliette,* sa pièce favorite, Juliette fut si terrifiée par le chahut qu'elle s'accrocha à un pilier qu'elle refusa de lâcher en hurlant.

Coates était très exotique. Il venait d'Antigua, aux Antilles, où son père était un riche marchand. Son teint de créole et ses cheveux noirs étaient particulièrement frappant, tout autant que sa passion pour les diamants.

Il tomba amoureux du théâtre tout jeune, et son envie d'être acteur, malgré son manque de talent, survécut à tous les ridicules.

Il débuta sur une scène anglaise en 1809. Toutefois, ce fut la façon dont il « joua » Roméo dans la ville d'eau à la mode de Bath qui le fit connaître. Il avait dessiné lui-même son costume et sa première entrée fit s'écrouler de rire toute la salle. Il portait, en effet, un large manteau décoré de sequins, de volumineux pantalons rouges, une énorme cravate et un chapeau à plumes.

Il entreprit une tournée dans les îles britanniques qui provoqua le désordre partout où il s'arrêta.

Coates oubliait continuellement son texte, inventait des scènes devant le public, s'adressant même à celui-ci quand il n'était pas assez attentif. Si une scène lui plaisait, il lui arrivait de la jouer trois ou quatre fois de suite. Comme il adorait les moments où il devait mourir, il n'avait aucun scrupule à pousser son dernier soupir plusieurs fois. Des spectateurs, exaspérés, criaient alors : « Pourquoi ne meurs-tu pas ? » Rien ne pouvait le décourager. Quand le rideau tombait, on l'entendait souvent s'écrier : « Qu'est-ce que j'ai été bon ! » Dans ce cas, il s'inclinait vers la loge où se tenait son grand ami et admirateur constant, le baron Ferdinand de Geramb.

A force de persistance, il parvint à poursuivre sa carrière, allant même jusqu'à payer certains directeurs de théâtre pour qu'ils le laissent jouer chez eux. Ces directeurs, craignant des rixes, demandaient souvent à la police de protéger le théâtre.

Sa renommée s'étendit et on vint bientôt le voir jouer de partout. Des gens parcoururent de longues distances pour vérifier s'il était aussi mauvais qu'on le disait. Il devint une telle attraction que le Régent se déplaça pour le voir sur scène.

Robert Coates

Quand il interpréta le Lothario de Rowe, dans son *Pénitent blond,* au Haymarket Theatre de Londres, on refusa au moins mille personnes. Celles-ci envahirent alors les coulisses, proposant jusqu'à 5 livres pour un billet. Sur scène, Coates, vêtu d'un costume de soie argent et rose constellé de diamants et coiffé d'un chapeau surmonté de grandes plumes blanches, n'arrivait pas à se faire entendre. Au moment de mourir, il sortit un grand mouchoir de sa poche et l'étala sur le sol avant de s'y laisser tomber, cela pour ne pas gâter ses habits. Le public éclata de rire.

Lors d'une autre représentation, à Richmond, son jeu fut si lamentable que des gens se rendirent malades de rire. Il fallut les transporter au grand air et appeler un médecin. Une autre fois, il perdit une boucle de ceinture en diamants au moment de faire sa sortie et il fouilla tout le plateau à quatre pattes pour la retrouver, sous le regard ébahi de ses partenaires qui avaient leur texte à dire.

Coates ne jouait pas la comédie qu'au théâtre. Dans la vie quotidienne il aimait stupéfier le public par ses vêtements voyants. Dans la journée, il portait des fourrures fabuleuses, même au cœur de l'été, mais c'est le soir qu'il était vraiment lui-même. Lorsqu'il se rendait à un bal ou à quelque grande réception, il scintillait de la tête aux pieds de boutons et boucles de diamants. Pour attirer un peu plus l'attention, il s'était fait construire un carrosse en forme de conque aux couleurs de l'arc-en-ciel. Sur les portières, il avait fait peindre ses armoiries, un coq en train de chanter, avec sa devise : « Tant que je serai vivant, je chanterai. »

Les gamins des rues suivaient le carrosse en poussant des cocoricos. Un jour, au théâtre, quelqu'un lança un coq vivant sur la scène. Celui-ci se mit à picorer pendant que Coates récitait une tirade romantique. Quand il eut fini, il s'approcha de la loge d'où était parti le coq et abreuva ses occupants d'insultes en les menaçant d'une épée.

Finalement, il parut se décourager, déclarant qu'il avait donné le meilleur de lui-même au public britannique et qu'il était fatigué de sa grossièreté. Après 1815, on le vit moins et son éclat commença à pâlir.

Coates fit une dernière apparition, dramatique à souhait. En 1848, à l'âge de soixante-quinze ans, il fut renversé par un fiacre en plein milieu de la rue. La mort fut instantanée.

Le diplomate travesti

Le représentant de la reine portait des jupons

Lorsque la reine Anne envoya son cousin, Lord Cornbury, la représenter en Amérique en tant que Gouverneur de New York et du New Jersey, il la prit véritablement au mot.

Ceux qui assistèrent à l'ouverture de l'Assemblée de New York, en 1702, virent avec stupéfaction arriver l'aristocrate anglais dans une élégante robe de soie bleue, avec une coiffe cloutée de diamants et des chaussures de satin. Pire encore, il agitait un éventail !

Des diplomates furieux déclarèrent que Lord Cornbury les avait ridiculisés. Sa réponse fut, suivant son raisonnement, parfaitement logique : « Vous êtes tous très stupides si vous ne comprenez pas ma façon d'agir. Je représente ici, en cette occasion, une femme, et je me dois de la représenter le plus fidèlement possible. »

Lord Cornbury, troisième comte de Clarendon, n'avait cependant pas besoin d'une telle excuse pour s'adonner à son passe-temps favori, s'habiller en femme, et à la dernière mode. A cette époque, personne ne pensait que son goût était perverti, on le trouvait juste un peu bizarre.

Il avait commencé à collectionner les vêtements féminins à l'âge de huit ans et on le rencontrait souvent en ville habillé en femme. Il se fournissait toujours chez les couturiers, les modistes et les savetiers les plus habiles. Son importante garde-robe pleine de toilettes, de perruques, d'éventails et de bas pouvait rivaliser avec celle de la plus célèbre des courtisanes. Il possédait des ensembles pour le matin, l'après-midi et le soir, et une grande partie de ces vêtements lui était donnée par la reine elle-même.

Lord Cornbury

Pourtant, Lord Cornbury n'était pas vraiment bâti pour jouer le rôle d'une femme. C'était un gros homme au visage masculin charnu dont la silhouette ne convenait pas spécialement aux dentelles et autres jupons de soie. Cependant, il jouait le jeu jusqu'au bout, allant même jusqu'à porter des corsets pour améliorer sa ligne.

Loin de garder cela secret, il adorait faire admirer ses robes et se vanter de ce qu'elles avaient coûté. En revanche, il se montrait si pingre avec sa femme qu'elle en était réduite à voler. Il se promenait souvent, le soir, dans les rues de New York en robe à paniers et perruque poudrée, ou bien s'installait devant sa fenêtre et s'éventait, pour la plus grande joie du voisinage. Un jour, il quitta même une réception donnée en son honneur pour aller changer de robe.

Cornbury fut gouverneur de New York de 1701 à 1708 mais se montra un piètre administrateur. Quant aux hommes d'affaires américains, il lui firent rapidement savoir qu'ils ne désiraient pas dépendre d'un gros homme couvert de rubans et de fanfreluches.

Il fut rappelé et jeté en prison pour dettes. Mais, intelligent, il s'en releva rapidement et fut nommé membre du Conseil privé de la reine en 1711. Ce qui ne l'empêcha pas de continuer à se pavaner dans des toilettes à la dernière mode...

L'arbitre des élégances

Il fallait trois heures au Beau Brummel pour nouer sa cravate

Le « Beau » Brummel s'assit à la table éclairée aux chandelles sans regarder ni à droite ni à gauche. Son serviteur lui murmura à l'oreille qu'il était encadré par le marquis de Headford et Lord Yarmouth.

Pendant toute la soirée, Brummel divertit ses hôtes sans tourner une seule fois la tête pour les regarder. Il ne voulait surtout pas déranger le bel ordonnancement de sa cravate. Après tout, il lui avait fallu trois heures pour la nouer.

George « Beau » Brummel, arbitre des élégances de l'Angleterre de la Régence, avait fait de la cravate son signe distinctif. Un bouillonnement neigeux de mousseline arachnéenne qui fit sensation lorsqu'il s'en para pour la première fois.

La plus petite poussière, le moindre faux pli, et la cravate était rejetée, entraînant la reprise du long rituel consistant à en nouer une autre. Le parquet de son vestiaire était souvent jonché de mousseline. « Ce sont nos échecs », expliquait son valet.

Brummel ne vivait que pour l'art de s'habiller. Son style influença une génération et fit de lui une légende. Il ne quittait sa chambre que lorsque l'image que lui renvoyait son miroir était parfaite.

Il fallait trois personnes pour confectionner ses gants, dont une pour le pouce. Son valet polissait aussi bien la semelle de ses bottes que le dessus. Un jour, un de ses amis lui demanda quelle sorte de cirage il utilisait pour rendre ses bottes si brillantes. « Du cirage !, s'indigna-t-il. Je n'emploie que la mousse du champagne. »

Il devint un tel symbole de l'élégance que le prince de Galles avait pris l'habitude de passer chez lui uniquement pour le voir se vêtir. L'incroyable Beau eut une grande influence sur le prince, qu'il appelait « Prinny », et sur la mode à sa cour. Le jour où il lui déclara qu'il n'aimait pas la coupe de son habit, « Prinny » éclata en sanglots.

Ironiquement, Brummel était le petit-fils d'un valet. L'ascension de la famille fut entièrement due aux efforts de son père, William. Celui-ci fut d'abord employé dans l'administration, puis il épousa une riche héritière et devint secrétaire particulier de Lord North, le Premier ministre.

Il gagna assez d'argent pour envoyer Beau, son plus jeune fils, à Eton et à Oxford, où celui-ci prit goût aux relations aristocratiques. Cependant, ce fut au cours d'une visite à Londres que la vie de Brummel prit un tournant définitif. Il y rencontra le prince de Galles qui fut captivé par le charme et l'élégance du jeune dandy et lui promit un brevet dans son propre régiment, une fois ses études achevées.

Brummel fut assez fin pour se rendre compte qu'un brevet dans le 10e Dragon Léger le ferait admettre dans la plus haute société. Il accepta et se mit bientôt à fréquenter des fils de ducs et de comtes.

Bien qu'étant suprêmement élégant dans l'uniforme des hussards, il ne fit pas un bon officier. Il détestait s'éloigner de Londres et Brighton, où il pouvait se montrer à son avantage.

La goutte qui fit déborder le vase advint lorsque son régiment reçut l'ordre de se rendre à Manchester. « Je ne peux y aller, dit-il au prince. Vous rendez-vous compte, Votre Altesse, Manchester ! De plus, vous n'y serez même pas. » Le prince, déjà convaincu, ne trouva rien à redire.

« Mais certainement, Brummel, répondit-il. Faites comme il vous plaira. »

Brummel racheta son brevet et quitta l'armée. A partir de cet instant, toute son énergie fut dépensée à son bénéfice et à celui de la riche société des élégances de laquelle il était devenu l'arbitre, le roi de la mode.

George « Beau » Brummell

Brummel n'était pas particulièrement beau. Ses cheveux clairs tiraient sur le roux, ses lèvres épaisses prenaient volontiers un pli boudeur et ses yeux étaient froids. Mais sa silhouette était parfaite, très bien proportionnée et son élégance insurpassable.

Quand il fit ses débuts à Londres, les hommes s'y habillaient beaucoup trop et ne trouvaient pas nécessaire de se laver avant de se couvrir de dentelle. Brummel apporta une véritable révolution. Ses vêtements étaient simples et sobres mais parfaits. Son secret fut la simplicité et la propreté.

Il lui fallait deux heures pour faire sa toilette. Après s'être rasé, il faisait la chasse aux poils récalcitrants avec une paire de pinces en argent. Avant de s'habiller il frottait tout son corps avec une brosse, « jusqu'à être rouge comme un homard ». Il ne se parfumait jamais mais changeait de linge trois fois par jour et l'envoyait à la campagne pour y être lavé, « afin qu'il sente le foin coupé ». Ses notes de blanchisserie étaient astronomiques.

Une fois prêt pour la soirée, il refusait de mettre les pieds dehors, sa voiture tendue de satin blanc et de peaux de mouton immaculées l'attendait au bas de l'escalier afin qu'il arrive à destination impeccable.

Il alla passer un week-end dans un manoir magnifique. A son retour, ses amis lui demandèrent s'il s'était amusé. « Ne m'en parlez pas, grommela-t-il, j'ai trouvé une toile d'araignée dans mon vase de nuit ! » Après cette expérience, il ne se déplaça plus qu'avec son propre pot de chambre dans une boîte en acajou.

Les femmes l'adoraient mais il resta célibataire. Il ne saluait jamais une femme dans la rue, de peur de ne pas pouvoir replacer correctement son chapeau sur la tête. Il cessa brusquement de voir une dame qu'il courtisait parce que, soupira-t-il, « j'ai découvert que Lady Mary mange du chou ». Car il haïssait les légumes, bien qu'ayant un appétit de paysan pour le fromage et le pain.

Brummel régna sur Londres avec son sens fantastique du bon goût pendant dix-huit ans. Tout ce temps, il fut le favori du prince, qui était devenu Régent. Mais celui-ci était maintenant gros et disgracieux. Brummel, qui n'avait pas sa langue dans sa poche, commença à se moquer de son royal protecteur. Ses amis lui recommandèrent de se montrer prudent mais il n'en tint pas compte. Un jour qu'il se promenait dans Bond Street avec Lord Alvanley, il se trouva nez à nez avec le prince qui bavarda agréablement avec Alvanley mais ne lui adressa pas la parole. Comme l'épaisse silhouette prise dans un corset se tournait pour partir, Brummel lança son fameux : « Alvanley, qui est votre gros ami ? »

Le prince ne lui adressa plus jamais la parole.

Brummel continua à mener la vie d'un dandy. Mais il finit par succomber à la manie de l'époque, le jeu. En 1816, endetté jusqu'au cou et craignant d'être arrêté, il s'enfuit pour la France.

Il ne revint jamais.

Pendant quelques années, avec l'aide d'amis fidèles, il parvint à maintenir son standing, au prix de gigantesques notes de tailleur et de blanchisserie. Mais il ne fut finalement plus que l'ombre de son brillant passé.

Sa dernière demeure fut le spartiate et démodé asile d'aliénés de Caen. Il y mourut en 1840, à soixante-deux ans.

Du blanc en toute occasion

« Lin » Cook, un drogué de santé

Robert Cook, un fermier irlandais vivant au XVIIe siècle, était la figure la plus étonnante du comté de Waterford. Il n'était jamais vêtu que de lin blanc.

Son linge était du blanc le plus pur, mais ses habits, manteaux et chapeaux l'étaient aussi. Il devint si fameux pour cette passion du blanc qu'on le surnomma à travers toute l'Irlande « Lin Cook ».

Il refusait d'avoir du bétail noir sur ses terres de Cappoquin et ses chevaux devaient être du même blanc pur que ses habits.

Cook était un végétarien enthousiaste et refusait d'ingurgiter la chair d'aucun animal, ou même de porter quelque chose produit à partir d'un animal.

Un renard, qui avait attaqué son poulailler, ne fut pas mis à mort. Après lui avoir expliqué qu'il n'était pas bon de tuer son prochain, il lui laissa une chance en le lâchant entre deux rangées de laboureurs armés de bâtons.

Cook eut une longue vie saine. « L'eau pour la boisson, les légumes secs, le froment et les autres végétaux pour la nourriture, le lin et les autres fibres végétales pour l'habillement sont largement suffisants », disait-il.

Il mourut en 1726, à plus de quatre-vingts ans, et fut enterré dans un suaire de lin blanc, évidemment.

Le clown du rock

Ses frasques lui coûtèrent une fortune

Les directeurs d'hôtel du monde entier faisaient une petite prière lorsqu'ils apprenaient que Keith Moon arrivait. Moon, le batteur aux yeux fous du groupe de rock The Who, s'était bâti une réputation de farceur dans le monde de la musique pop. Les hôtels étaient ses cibles favorites et il se fichait complètement de ce que coûtaient ses tours pendables.

Dans un hôtel américain, il avait jeté un pétard dans la cuvette des toilettes, faisant un grand trou dans le sol de la salle de bains. Une autre fois, parce qu'un directeur excédé se plaignait du bruit provenant de sa chambre, il en avait défoncé la porte. Il démolit des meubles à la hache, jeta des appareils de télévision par les fenêtres et, pendant dix ans, pulvérisa joyeusement des chambres d'hôtel en Amérique, en Europe et en Asie. Sa conduite extraordinaire lui coûta entre 150 000 et 200 000 dollars en indemnités !

D'une manière surprenante, Keith Moon avait une explication à son comportement. « Lorsque je sors de scène, je suis encore sous pression. Comme un train express ou un paquebot, il me faut plusieurs kilomètres pour m'arrêter. » Considéré comme un clown par beaucoup, mais un clown destructeur, il fut d'une certaine façon victime de sa réputation. Il en arriva à croire que les gens s'attendaient à le voir se mal conduire. Un jour, on lui demanda ce qu'il craignait le plus. « De grandir », répondit-il.

Être son ami n'était pas toujours facile. Mick Jagger, en voyage de noces, en fit l'expérience. Le chanteur des Rolling Stones et sa femme Bianca venaient de se coucher et dormaient dans leur chambre située au 11e étage d'un hôtel d'Hollywood lorsque Mick fut réveillé par un bruit provenant du balcon. S'armant d'un pistolet placé sous son oreiller, il le pointa vers la fenêtre, persuadé qu'il s'agissait de cambrioleurs. A ce moment-là, il entendit une voix familière lui dire « bonsoir ». C'était Keith Moon qui était monté jusqu'au 11e par la façade en passant d'un balcon à l'autre. Il riait tant qu'il en tomba sur le sol. Jagger, lui, ne rit pas.

Steve McQueen découvrit que c'était une rude épreuve d'avoir Moon comme voisin à Malibu. Celui-ci avait fait installer un télescope pour mieux observer la jolie femme de McQueen, Ali McGraw, et il lui arrivait parfois de traverser en moto la pelouse de l'acteur. Tout cela faisait partie d'un plan destiné à déstabiliser la « jet set » d'Hollywood.

Chez lui, en Amérique, ou dans sa jolie maison de Mayfair, à Londres, on pouvait l'apercevoir, se détendant dans une robe de chambre en velours noir brodée à son monogramme en buvant du Bucks Fizz (champagne et jus d'orange) comme un viveur de la Régence.

Keith Moon, fils d'un mécanicien londonien, naquit le 23 août 1947 et passa ses jeunes années dans les environs de Wembley et de Shepherd's Bush. Il fit tout un tas de petits boulots avant de rejoindre The Who, connus alors sous un autre nom, dans les années 60. Il leur déclara froidement qu'il trouvait que leur batteur n'était pas bon et qu'il pouvait faire mieux. Le jour de l'audition, il arriva avec les cheveux teints en orange et vêtu d'un costume orange, aussi le surnommèrent-ils « le bonhomme en pain d'épice ». Il termina sa démonstration si brutalement qu'il détruisit une partie de sa batterie. Le groupe pensa qu'il était formidable et l'engagea.

Ils découvrirent rapidement qu'il était homme à déclencher une bagarre à partir de rien. Toutes sortes d'histoires circulaient sur son compte, dont certaines mensongères. Mais Moon, lorsqu'il tenait la forme, était quelqu'un avec qui il fallait compter. Il fut un temps où il « descendait » deux bouteilles de cognac et de champagne par jour, « juste pour mettre un peu d'animation ». Il précipita un jour une Lincoln Continental toute neuve dans la piscine de l'hôtel puis attendit pour voir les réactions des gens.

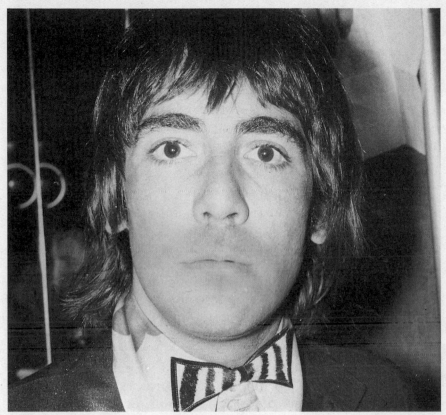

Keith Moon, des Who

Parfois, les musiciens du groupe se retiraient dans leurs chambres pour être un peu au calme. S'ils refusaient de le laisser entrer, il utilisait un explosif pour faire sauter la serrure.

Il dépensait son argent aussi vite qu'il le gagnait. Être le fou du roi dans le monde de la pop'music lui revenait cher. Sa grande faiblesse était les déguisements. Il pouvait se promener dans la rue dans des costumes allant de celui d'une nonne à celui des troupes de choc nazies. Un après-midi, à Londres, dans Oxford Street, une Rolls lilas s'arrêta au bord du trottoir et deux voyous en chapeaux mous et costumes rayés en descendirent. Avisant

137

un clergyman d'un certain âge, ils se jetèrent dessus et le traînèrent vers la voiture sous le regard stupéfait des passants. L'homme de Dieu eut beau se débattre, ils le jetèrent dans la Rolls qui démarra. On l'entendit crier : « N'avez-vous donc pas de respect pour l'habit que je porte ? » Tandis que les témoins restaient paralysés sur place, deux jeunes gens se lancèrent à la poursuite de la Rolls. La voiture fut bloquée à un croisement par la police et le pasteur fut délivré. Il s'agissait de Keith Moon.

Souriant largement, il expliqua : « J'adore l'inattendu, et j'adore faire rire les gens. »

Sa farce préférée était celle du pantalon. Keith entrait dans un magasin et demandait au vendeur un pantalon très solide. Un client passant là « par hasard », un complice de Keith, bien sûr, était mis à contribution. Il le priait de l'aider à tester le pantalon avant de l'acheter. Chacun prenait donc une jambe et tirait de toutes ses forces, jusqu'à en arracher une jambe. Entrait alors en scène le troisième larron, le directeur de tournée de Moon jouant le rôle d'un unijambiste, une jambe repliée et dissimulée. Il apercevait le pantalon et poussait un cri de joie, déclarant que c'était exactement ce qu'il cherchait. Moon insistait alors pour que l'autre accepte la jambe arrachée en cadeau mais demandait au vendeur médusé de faire deux paquets. Il payait alors la facture et s'en allait.

C'était un passionné d'explosifs. Aux États-Unis, lors d'un passage des Who à la télé, il décida que leur représentation devait se terminer par un événement mémorable et dramatique. Quoi de plus dramatique que de faire exploser sa batterie au final ? Le moment venu, un professionnel des effets spéciaux vint piéger la batterie, mais, comme le déclara Moon plus tard, « Je lui donnai un peu trop d'alcool et il mit certainement un peu trop de poudre dans mon matériel. » Lorsque la dernière note s'éteignit, tout sauta. Moon fut précipité en arrière, à travers le décor, par la violence de l'explosion, tandis que le chanteur du groupe, Peter Townshend, restait pétrifié au milieu de la scène, la chevelure en flammes. Moon revint en chancelant pour saluer, couvert de sang, des morceaux de cymbales plantés dans les bras.

Bette Davis, qui attendait dans les coulisses avec Mickey Rooney, aperçut Moon et tourna de l'œil.

Bien que d'aspect peu engageant (il était généralement mal rasé et avait les yeux larmoyants) il fascinait les femmes, de la petite admiratrice aux yeux écarquillés à la femme du monde. Il épousa sa femme, Kim, alors qu'il n'avait que dix-huit ans et elle seize. Pour des raisons publicitaires, on lui demanda de tenir cette union secrète et de prétendre que Kim était sa sœur. Dans de telles conditions, le mariage se termina par un divorce.

Une nuit, Moon alla souper au « Tramp » un restaurant à la mode du West End fréquenté par les gens du spectacle. Là, il aperçut une jolie Suédoise blonde à une table voisine. Complètement bouleversé, il appela un serveur et lui donna un pourboire royal afin qu'il éloigne le cavalier de la belle, puis il alla se présenter à Annette Walter-Lax. Si cette façon d'agir ne lui plut pas, elle ne le montra pas. Le charme de Keith était tel que leur liaison data de ce jour. Annette alla vivre avec lui en Californie et réussit presque à l'apprivoiser. Le mariage ? « Je suis marié avec The Who, lui expliqua-t-il. Après tout ce que nous avons supporté ensemble, nous sommes définitivement liés. » Mais ses amis pensent qu'il aurait épousé Annette s'il avait vécu.

Moon avait toujours dit qu'il mourrait jeune, c'est sans doute pourquoi il menait cette vie agitée. Avec l'aide d'Annette et de Ringo Starr, le batteur des Beatles, il commença à moins boire. Mais il continuait à se conduire comme un clown. Deux mois avant sa mort, il fut débarqué d'un avion pour avoir essayé de pénétrer dans la cabine de pilotage pour jouer de la batterie sur le tableau de bord.

Un soir de 1978, il se rendit à une soirée. Il était calme. Il bavarda un long moment avec Paul McCartney, un des Beatles, et annonça ses fiançailles avec Annette. On le retrouva mort le lendemain matin. On parla d'overdose mais ses amis affirmèrent que c'était faux. La dernière fois qu'on le vit en public, ce fut au bras d'une jolie fille, un verre de champagne à la main, une image de lui-même qui lui aurait plu.

Le marquis fou

Il distribuait du gin aux pauvres méritants

Un des plus grands plaisantins de tous les temps fut le flamboyant troisième marquis de Waterford, surnommé à son époque l'« impétueux Lord Waterford » ou « le marquis Fou ».

Il hérita d'une fortune au début du XIXe siècle mais réussit à en dilapider une grande partie par ses frasques ou par les indemnités qu'il dut payer à la suite de celles-ci.

Un jour, il décida de distribuer des liqueurs fortes aux pauvres méritants de Londres. Il se rendit dans une taverne fameuse de Haymarket, demanda au tenancier d'installer plusieurs tonneaux de gin sur le trottoir et entreprit de distribuer des rations d'un quart de litre aux passants.

Il fut bientôt entouré de la moitié des filous et des vagabonds de Londres qui avaient senti l'alcool gratuit depuis l'autre bout de la ville. Il y eut des bagarres d'ivrognes et la police ne parvint à délivrer Sa Seigneurie qu'en l'arrêtant.

Ses problèmes avec les représentants de la loi étaient souvent comiques. Convoqué devant le tribunal pour avoir conduit sa voiture à une allure dangereuse au milieu de la foule, il y arriva à cheval, fit grimper à sa monture les marches qui menaient au tribunal et demanda qu'on la laisse entrer. Ce cheval, expliqua-t-il, était un témoin de la défense. Il exigea qu'on l'interroge, « car lui seul savait vraiment à quelle allure il allait ». Devant une logique aussi démente, le juge décida de se débarrasser du cas au plus vite en acquittant le marquis.

Waterford adorait se faire remarquer à cheval. A plusieurs occasions, il monta les marches du Kilkenny Hunt Clubhouse au galop et éclata d'un rire tonitruant lorsque des officiels tentèrent de l'en chasser. Il ne pouvait supporter les dandies qui trottinaient le long de la fameuse Rotten Row, à Londres ; déguisé en ouvrier, il traversa un jour au galop les rangs serrés des élégants cavaliers sur le siège d'une citerne hippomobile.

Le faste l'indisposait tout autant. Des propriétaires qui lui avaient loué une maison, furent furieux à leur retour de voir qu'il avait crevé les yeux de tous les portraits de famille. Dans son domaine du Curraghmore, il planta un cigare entre les lèvres de son plus illustre ancêtre.

Certaines de ses plaisanteries étaient destructives, mais il ne lésinait pas sur les indemnités. Chez une modiste, par exemple, il s'assit sur vingt-deux ravissants chapeaux tout spécialement créés pour un événement mondain. Quand la modiste s'en aperçut, elle se mit à pleurer, déclarant qu'elle était ruinée. Le marquis lui expliqua qu'il n'avait pu résister à la tentation et lui tendit un gros chèque.

Ses amis devaient être prêts à tout. Un de ses invités trouva un jour un âne dans son lit. Lorsqu'il s'ennuyait, le marquis cherchait aussitôt un nouveau tour pendable à faire. Il loua, par exemple, huit fiacres, les chargea de musiciens et paya ceux-ci pour jouer comme des furieux pendant que les automédons conduisaient leurs équipages dans les rues. Waterford prit les rênes du premier fiacre et mena la procession, invitant les passants à faire un tour gratuit. On passa du pas au trot, du trot au galop, jusqu'à ce que tous pensent être tués dans ce pandémonium.

Mais il survécut à toutes ses fredaines, pour mourir bêtement dans un accident de chasse en 1859.

Un véritable Midas

Une fortune édifiée sur des bassinoires et des fanons de baleine

Millionnaire américain qui se fit lui-même, Timothy Dexter accumula une fortune en vendant du charbon à Newcastle, en plein bassin houiller, et des bassinoires aux Antilles. Plus ses idées étaient folles, plus elles lui rapportaient.

Les snobs de la Nouvelle-Angleterre se moquaient de Dexter, de ses manières de nouveau riche, de son excentricité et de sa curieuse apparence. Mais c'était toujours lui qui avait le dernier mot quand il s'agissait d'argent.

Il naquit dans une famille très pauvre, à Malden, dans le Massachusetts, le 2 janvier 1747, et n'alla que peu à l'école (il ne sut jamais l'orthographe). A huit ans il travaillait comme laboureur. A seize ans il décida d'améliorer sa situation et devint apprenti dans la mégisserie. A partir de cet instant, rien ne put l'arrêter.

Il arriva en 1769 à Newburyport, un port florissant situé à une soixantaine de kilomètres de Boston, avec quelques dollars en poche et tout ce qu'il possédait dans un baluchon. Il se lança dans le métier qu'il avait appris et en moins d'un an eut une épouse, une splendide maison et une entreprise florissante. Sa femme, Élisabeth Frothingham, une riche veuve, savait à l'évidence reconnaître un gagneur lorsqu'elle en rencontrait un.

Ce fut vers la fin de la guerre d'Indépendance, en 1783, que son génie des affaires devint apparent. Il acheta une quantité de monnaies européennes qui, à cause de la cessation des activités commerciales due à la guerre, n'avaient aucune valeur en Amérique. Lorsque la stabilité revint, il se trouva ainsi à la tête d'une immense fortune. Il fit alors construire deux navires et commença à exporter des marchandises vers l'Europe et les Antilles. Sa richesse et sa réputation crûrent, tandis que ses transactions devenaient de plus en plus bizarres.

D'ingénieux marchands lui ayant vendu des bassinoires destinées à la vente aux Antilles crurent qu'il ne s'en débarrasserait jamais, mais le capitaine du navire, tout aussi astucieux, les vendit comme louches aux industriels de la mélasse des îles. Et Dexter fit un joli profit.

Une autre fois il expédia dans la même région une cargaison entière de gants de laine bien chauds. Il fut une nouvelle fois chanceux. Des marchands asiatiques se jetèrent dessus pour l'exporter en Sibérie !

Lorsque les marchands de la Nouvelle-Angleterre apprirent qu'il avait envoyé ses navires à Newcastle, en Angleterre, chargés de charbon, ils faillirent s'étouffer de rire. Un plaisantin lui avait dit qu'il y avait une forte demande de houille là-bas, et Dexter, homme sans éducation, ne savait pas que Newcastle se trouvait au centre du plus important bassin minier du monde.

Mais, par un de ces coups de chance qui ne pouvaient arriver qu'à Dexter, il se trouva que toute la région était en grève lorsque ses navires accostèrent. Au lieu de lui rire au nez, on l'accueillit à bras ouverts. Les enchères grimpèrent à n'en plus finir et son profit fut énorme. Il écrivit sur son agenda : « J'ai été très heureux dans mes spekkulations... »

Ensuite, il bombarda les Antilles de bibles, expliquant dans un texte joint que tous ceux qui ne possédaient pas de bible iraient en enfer. Cette petite affaire lui rapporta 47 000 dollars. Il exporta également des chats errants dans les mêmes parages, souris et rats s'y reproduisant très vite. Les propriétaires d'entrepôts allèrent jusqu'à les payer cinq dollars pièce.

Une autre fois, il stocka des fanons de baleines à en faire éclater ses entrepôts après avoir entendu un de ses caréneurs se plaindre qu'il était pratiquement impossible de se procurer des supports. Le caréneur voulait parler de gréages mais Dexter comprit qu'il parlait de baleines de corset confectionnées à partir de fanons. Il en acheta 342 tonnes. Tout le monde se trouva d'accord pour dire qu'il était devenu fou. Mais, au printemps suivant, la mode de Paris arriva aux États-Unis, avec d'énormes jupes et de longs corsets réclamant des mètres et des mètres de baleines. Et qui en avait le monopole ? Ce pauvre fou de Dexter, bien sûr.

Il considérait fort justement qu'il avait bien réussi, ce qui n'empêchait pas les snobs de la Nouvelle-Angleterre de serrer les rangs et de l'ignorer. Il se vengea en achetant une des plus belles maisons de Newburyport, un grand hôtel particulier en briques, sur State Street, avec un escalier en spirale et des miroirs dorés. Les principales familles en restèrent sans voix. Le propriétaire précédent, un certain Nathaniel Tracy, était un gentleman que les gens de Boston comprenaient. Il recevait avec élégance, employait des esclaves noirs en livrée et possédait une cave merveilleuse. Dexter tenta de le copier, sans y parvenir autrement qu'en faisant rire. Personne ne lui rendit visite, personne ne le pria à dîner.

Il avait vraiment une étrange allure avec son chapeau à large bord, son manteau lui battant les chevilles et ses culottes retenues par des rubans autour des mollets. Ses cheveux gris pendaient presque jusqu'aux épaules, mais son visage était dominé par une paire d'yeux malins et vivants. Il était habituellement suivi par un petit chien noir de la taille d'un gros chat.

Bien qu'il soit capable de gagner autant d'argent qu'il le voulait, sa vie privée était un désastre. Un fils incapable, une fille simple d'esprit et une femme querelleuse. Il décida qu'il valait mieux prétendre qu'elle n'existait pas et, dans son courrier, la surnomma « le fantôme ». Quand il la présentait à des étrangers, il disait : « Mme Dexter, le fantôme qui est ma femme... »

Fatigué par les snobs de Newburyport, il sentit que le seul moyen de les faire taire était de devenir sans cesse plus important. Il acheta un énorme domaine dans le New Hampshire et en profita pour acquérir, on ne sait trop comment, un titre.

Dorénavant, laissa-t-il entendre, il faudrait l'appeler Lord Thimothy Dexter.

Un an plus tard, il revint avec le titre de pair du royaume. Sa maison de State Street était devenue trop étroite et il acheta une magnifique demeure géorgienne située sur les hauteurs, face à la mer. La trouvant un peu trop simple à son goût, il décora les toits de minarets et de coupoles dorées. Sur la plus grande, il fit poser un grand aigle doré pour servir de girouette. Puis il fit élever dans son jardin un grand nombre de statues grandeur nature d'hommes célèbres, déclarant qu'« ils fournissaient une meilleure compagnie » que ses voisins guindés.

Il commença son « mousé » de statues en 1801, promettant qu'il « montrerait au monde une des merveilles du monde dans moins de quinze mois », ajoutant : « si, bien sûr, personne ne m'assassine de dans ou de or. »

Son « mousé » comprenait quarante grandes statues de bois peint (il aurait préféré du marbre). Il y avait aussi des groupes intitulés *Amour Maternel* ou *Quatre Lions Allongés avec un Agneau.* Il y avait la statue de Thomas Jefferson, celles de George Washington, de Pitt, de Bonaparte, de Vénus, et, dominant les autres, sa propre représentation avec cette inscription : « Je suis le premier à l'Est, le premier à l'Ouest et le plus grand philosophe du monde occidental. »

Il retint enfin l'attention, comme il l'avait si longtemps espéré. Les gens vinrent de partout pour visiter son « mousé ». On leur faisait voir aussi le tombeau que Dexter s'était fait bâtir, avec un magnifique cercueil tapissé de plomb blanc. Dans le tombeau, pour le soutenir pendant son dernier voyage, il avait placé une pipe et du tabac, des pétards, un porte-voix et une « Bibel pour lire la bonne parole et chanter de bonnes chansons ».

Mais Dexter n'avait pas fini d'étonner les snobs. En atteignant la cinquantaine, il décida d'écrire un livre. Ce devint une des grandes curiosités de la littérature américaine. L'orthographe était atroce, il n'y avait pas de ponctuation et des lettres majuscules saupoudraient le texte un peu n'importe où. Cependant, *La Vérité en Costume Tissé à la Maison* eut du succès.

Son but ? Dexter l'expliquait clairement. « Je veu que mes Enemis souris par momen Comme un Chat devant Un pudding tro chaud et qui S'en va et qu'Ils baisse la tête Comme Des Chien... »

Dans cet ouvrage, il commençait par raconter sa vie et par expliquer quel type formidable il était, mais très vite le lecteur était entraîné vers d'étranges considérations. Son discours partait dans tous les sens, s'attaquant aux politiciens, au clergé et à tous ceux qu'il n'aimait pas. Il y discutait de « Bonne à part » (Napoléon), de l'habitude qu'avait sa femme de se chamailler et du « Mousé Dexter » dans lequel allaient être élevées les statues de « monsieur pitt », « le roi de gratte bretagne » et de « Loués le 16 de France ».

Quand les gens se plaignirent de ne pas comprendre un mot de cette prose sans ponctuation, il décida d'ajouter une page à l'édition suivante. Une page couverte de virgules et de points. « Ceu qui save se plégne qua la 1re édition de mon livre n'avai pas de point j'en ai mi ici assé pour qu'ils piusse salé et poivré leur lecture comme ils veule », ajouta Dexter dans un avertissement.

Un jour, s'ennuyant, il se mit à se demander comment réagiraient les gens à l'annonce de sa mort. Pour l'apprendre, il n'y avait qu'un moyen, faire le mort. Ce qu'il fit aussitôt, tout en préparant soigneusement ses funérailles.

Près de 3 000 personnes y assistèrent, se pressant dans la maison et le jardin, et emplissant les rues avoisinantes. Bien que beaucoup soient venus par curiosité, Dexter en fut très heureux.

Ses vraies funérailles suivirent de peu. A l'automne 1806, à cinquante-neuf ans. Sa maison devint d'abord un hôtel, puis une bibliothèque. Les statues furent détruites par une tempête, vendues ou jetées au feu. Il ne resta de Dexter que son aigle doré et quelques exemplaires de son « petite » livre.

Une vie de chien

Ses chiens étaient servis par des maîtres d'hôtel

Rien n'était assez beau pour ses chiens, disait toujours Francis Henry Egerton, huitième comte de Bridgewater. Les chéris portaient même des bottes du cuir le plus fin aux quatre pattes, ce qui en étonnait plus d'un.

Ces bottes lui coûtaient autant que les siennes, mais l'homme qui les confectionnait était trop content d'obliger Egerton qui avait une passion pour les chaussures et portait une paire de bottes ou de chaussures neuves chaque jour de l'année.

Homme solitaire qui n'invitait pratiquement jamais personne, il paraissait préférer la compagnie des chiens. Souvent, il en promenait une demi-douzaine ou plus dans sa voiture, et il dînait chaque jour avec ses petits amis à quatre pattes. Il faisait dresser la table pour douze convives, puis on y installait ses chiens favoris, une serviette autour du cou. Vêtus à la dernière mode et servis par des domestiques en livrée, ils étaient supposés manger proprement dans la vaisselle pendant que leur maître leur faisait la conversation. Le comte affirmait que ses chiens se tenaient aussi bien que n'importe quel gentleman et, si l'un d'eux se tenait soudain comme un vrai chien, il était banni jusqu'à ce qu'il ait appris les bonnes manières.

Une seule autre chose importait au comte : les livres. Egerton, avec son immense fortune qui lui permettait de satisfaire tous ses caprices, était un savant distingué, un protecteur des arts et un membre de la Société Royale. S'il empruntait un livre, il le rendait avec une extrême élégance. L'ouvrage était placé dans son plus beau carrosse, sous la garde de quatre valets en superbes livrées, et arrivait ainsi chez son propriétaire stupéfait.

Le comte de Bridgewater ne se maria jamais. Après sa mort,

Francis Henry Egerton

en 1829, le titre s'éteignit. Mais son nom continua à vivre. En effet, il fit don au British Museum d'une importante collection, les manuscrits Egerton.

Riche à lambeaux

Elle gagna des millions mais ne donna jamais un centime

Personne ne s'approchait d'elle. Elle sentait trop mauvais. Mais tout le monde la traitait avec respect, lui témoignant même de la crainte. D'abord parce qu'elle avait un caractère épouvantable, ensuite parce qu'il se trouvait que Mme Hetty Green était une des femmes les plus riches du monde, et l'une des plus mesquines.

Elle était si pingre qu'elle pouvait passer une nuit à rechercher un timbre de deux centimes égaré par mégarde. Elle refusait de louer un bureau et circulait dans une voiture si déglinguée que les gens disaient qu'elle n'était bonne qu'à abriter des poules. Pourtant, au début du siècle, elle jouissait d'un revenu de 7 millions de dollars et était même arrivée à éviter de payer la taxe de 3 % sur sa fortune !

Elle était née Hetty Howland Robinson, le 21 novembre 1835, et descendait d'une longue lignée de Quakers qui avaient l'argent dans le sang. Le début de leur immense fortune remontait au jour où un ancêtre Howland avait acheté une « vache noire » à Plymouth, dans le Massachusetts, en 1624. Les générations suivantes, en exploitant des fermes, vendant des terrains, trafiquant les esclaves et chassant la baleine, gagnèrent des millions.

Son père, Edward Mott Robinson, était un homme dur et impitoyable qui s'était marié pour de l'argent et désirait avant tout fonder sa propre dynastie. Lorsque sa femme lui annonça qu'elle ne pouvait plus avoir d'enfant et qu'il se rendit compte que son héritière était une petite fille au sale caractère, il fut consterné.

Mais la petite Hetty gagna vite sa confiance. A six ans, elle lisait déjà les pages financières des journaux. Elle s'asseyait sur ses genoux et l'écoutait parler des cotes de la bourse. Son agressivité et sa compréhension des choses de l'argent lui donnèrent l'impression qu'il avait un fils.

A sa mort, il lui laissa un capital en liquide de 6 millions de dollars. Une somme qui aurait comblé bien des femmes, mais pas Hetty. Apprenant que sa tante Sylvia, une Howland, avait fait don de sa fortune, 2 millions de dollars, à des œuvres charitables, elle décida de s'en emparer, utilisant pour cela des documents falsifiés. Elle perdit son procès.

Au grand étonnement de ses proches, Hetty se maria à trente-trois ans. A cette époque, elle était encore séduisante, avec une jolie silhouette, un teint de pêche et des yeux bleus. Son mari, Edward Henry Green, membre d'une riche famille du Vermont, éprouva pour elle un véritable coup de foudre. L'amour dut sans doute l'aveugler. Il ne protesta pas quand son adorée lui fit renoncer à toute sa fortune avant même le mariage.

Ils vécurent un temps dans l'appartement d'Edward, à Manhattan mais, lorsque Hetty apprit que des cousins Howland comptaient la traîner devant les tribunaux pour une autre affaire de documents falsifiés, elle eut peur pour la première fois de sa vie et le couple s'enfuit à Londres.

Là, ils vécurent pendant huit ans à l'hôtel Langham, un endroit chic, où ses deux enfants, Ned et Sylvia, naquirent. Hetty trouva l'arrangement parfait : son mari payait les notes.

De retour en Amérique, elle se fatigua vite de la domesticité et du mariage. Elle se querellait pour le moindre centime avec sa belle-famille, son époux et ses domestiques. Les commerçants du quartier la haïssaient. Elle ne se passionnait que pour une chose, augmenter son capital. Pour ce faire, elle ne perdait pas de temps à se laver et ses mains, qui touchaient des millions, étaient sales, ses ongles noirs.

Lorsque son mariage capota, après quatorze ans, et qu'Edward décida de se retirer dans le confort de son club, Hetty déménagea

Hetty Green, la femme la plus riche et la plus pingre d'Amérique

et alla s'installer dans un appartement miteux, dans la partie la moins chère de Brooklyn, avec ses deux pauvres enfants. Elle n'allumait jamais le chauffage, même par les plus grands froids et déclarait que ceux qui désiraient se laver n'avaient qu'à prendre des bains froids.

La plupart du temps, elle portait une vieille robe noire devenue verdâtre avec le temps sur des sous-vêtements qu'elle ne changeait que lorsqu'ils tombaient en morceaux. Son sac minable était bourré de biscuits bon marché qu'elle achetait au coin des rues, cela pour éviter d'aller au restaurant.

Sa pingrerie s'étendait à ses enfants, bien qu'elle ait réellement eu de l'affection pour eux. Elle les domina jusqu'à sa mort. Son fils, Ned, ne reçut jamais les soins médicaux que nécessitait une malformation de la jambe ; il finit estropié. Cela ne l'empêcha pas de mener une carrière publique colorée, et une vie privée torride. Loin de sa mère, il vécut en dépensant sans compter, couvert de dettes, souvent sans un sou en poche. Sa fille, Sylvia, était une jeune femme terne et pathétique toujours vêtue de robes démodées et qui ne pouvait danser parce qu'elle avait les orteils en marteau. Hetty découragea tous les soupirants de Sylvia, déclarant qu'ils en avaient après la fortune de la famille. Lorsqu'elle donna enfin son consentement, ce fut après que son futur beau-fils eut accepté de renoncer à tous ses droits sur ses propriétés et sur son argent. Une vieille habitude dans la famille.

Les enfants casés, Hetty trouva son appartement trop vaste. Elle déménagea de nouveau, s'installant dans deux pièces minables au cinquième étage d'une pension de famille modeste. Une seule pièce lui aurait largement suffi, mais une grande partie de ses affaires se faisait le soir, quand les boursiers et les emprunteurs lui rendaient visite – car la plupart de ses nombreuses activités se rapportaient à l'usure –, et Hetty ne désirait pas les recevoir dans sa chambre à coucher.

Avec Hetty, pas question de restaurant, à moins que quelqu'un ne paye l'addition. Quand elle travaillait à son bureau, à la banque, elle apportait toujours son déjeuner, pas des sandwiches, comme un être normal, mais une casserole de flocons d'avoine, secs, qu'elle faisait chauffer sur le radiateur de la banque. Elle en consommait un grand bol tous les jours, disant que cela lui donnait la force d'affronter les « loups de Wall Street ». Et, bien sûr, cela ne lui coûtait que quelques centimes.

En vieillissant, elle devint encore plus formidable. Sa bouche n'était qu'un mince trait et elle serrait les mâchoires avec détermination. Mais sa volonté n'était pas suffisante pour combattre la maladie. Elle commença à souffrir d'une hernie, sans doute parce qu'elle tenait à transporter elle-même ses lourds livres de comptes des coffres de la banque à son bureau. Il lui fallut donc se faire examiner par un docteur.

Lorsque l'homme de l'art lui expliqua qu'elle devait se faire opérer, Hetty lui demanda combien cela coûterait. Le docteur, connaissant sa réputation, avala péniblement sa salive. « Mes honoraires seront de 150 dollars, frais d'hôpital en plus. » Il y eut un moment de silence, puis Hetty explosa. « Vous êtes tous pareils. Une bande de voleurs ! » Bien que le chirurgien ait toutes les raisons de se montrer furieux, il trouva la situation comique. Lorsqu'il lui demanda 15 dollars pour la consultation, elle faillit s'étouffer. « Elle fouilla sous sa jupe, raconta-t-il plus tard, et finit par sortir son sac qui était maintenu autour de sa taille par une ficelle. »

Plus elle devenait riche, plus elle commençait à être obsédée par l'idée d'un kidnapping ou d'un vol. Elle se mit à prendre toutes sortes de précautions pour semer d'éventuels suiveurs. Elle empruntait des chemins inhabituels, revenait sur ses pas et se cachait même sous des portes cochères.

Elle mourut d'une attaque à quatre-vingts ans, laissant derrière elle la plus grosse fortune du monde. Personne ne sut exactement combien. On parla de 100 millions de dollars, puis de 200 millions. Tout disparut en moins de quarante ans. Et, comme elle ne donna rien aux œuvres charitables, aux hôpitaux, aux écoles ou aux bibliothèques, pour perpétuer sa mémoire, on ne se souvient d'elle qu'à cause de sa pingrerie.

Le curieux vicaire de Morwenstow

Il s'asseyait sur les rochers et chantait comme une sirène

Sur la côte sauvage du nord de la Cornouailles, pas loin de Bude, existe un endroit protégé au milieu des falaises couvertes d'ajoncs, Morwenstow. La tour grise de l'église de Morwenstow se découpe sur fond d'Atlantique. On traverse un vieux tourniquet, deux champs où paissent des moutons et on se trouve au bord de falaises plongeant dans l'océan. Le paysage est d'une beauté incroyable. Il est aussi hanté par le fantôme d'un des plus extraordinaires vicaires jamais ordonnés par l'Église d'Angleterre.

Morwenstow fut pendant quarante ans la paroisse du révérend Robert Stephen Hawker, poète, rebelle, héros pour les marins naufragés, et une figure si colorée qu'elle traversa les pages de l'histoire cormique comme un météore. C'était un homme d'action d'une vigueur extrême. Les contrebandiers, les naufrageurs et ceux de leur acabit le traitaient avec respect, à contrecœur. C'était aussi un homme capable de passer des heures dans une hutte accrochée à la paroi de la falaise, regardant l'Atlantique sous toutes ses formes, grands calmes et tempêtes, et composant ses poèmes.

C'était un grand homme, large d'épaule, avec un beau visage mobile et une voix riche et tonnante. Une des seules fois où on l'aperçut, vêtu d'une soutane noire, ce fut après son installation. Il comprit bien vite qu'il ne pourrait gravir les falaises dans un tel habit, ni marcher sur les rochers glissants de la plage les jours de naufrage. Il l'abandonna donc pour une veste bordeaux, un gros pull de marin, des longues bottes de mer et un chapeau sans bords.

Morwenstow s'était passé de vicaire pendant un siècle quand Hawker arriva en 1835. Il trouva une paroisse pleine de bandits, une maison en ruine et une église négligée.

Le cérémonial qu'il employait à l'église était entièrement de son invention, et, pour une raison inconnue, il portait toujours des gants pourpres. Quand il baptisait un bébé, il soulevait l'enfant dans ses bras, descendait et remontait l'allée centrale en faisant voler sa cape violette et en grondant : « Recevons cet enfant au sein du troupeau du Seigneur. » C'était très impressionnant et les parents faisaient des kilomètres pour avoir un baptême Hawker. Pour les mariages, il s'emparait de l'alliance et la jetait en l'air avant d'autoriser le garçon à la passer au doigt de sa promise.

Neuf ou dix de ses chats préférés le suivaient dans la nef, se promenant ensuite partout pendant le service. Normalement, il y en avait dix mais, lorsque l'un d'entre eux mangeait une souris le dimanche, il l'excommuniait. Tout en disant ses prières, il grattait distraitement ses favoris sous le menton. Un petit chien se tenait sur les marches de l'autel, là où s'agenouille habituellement l'enfant de chœur. Quand on lui demandait pourquoi il ne le repoussait pas, il répondait : « Tout animal, propre ou pas, doit pouvoir trouver refuge ici ! »

Son église était pleine de choses qu'il avait ramassées et qui n'avaient rien à voir avec la religion. Au-dessus de la grille du chœur se trouvait une grande croix peinte en bleu brillant avec cinq étoiles dorées représentant la Croix du Sud. Près de la chaire, il conservait une sculpture grotesque montrant un château attaqué par un dragon à deux têtes. Il poussait de la marjolaine et du thym dans le chœur et l'autel était surchargé d'allumettes brûlées et de vieux bouts de chandelles. L'église était partiellement meublée de mobilier pris dans sa cuisine et il se servait d'une vieille étable comme sacristie.

Ce désordre choqua un jour un jeune curé. Il entreprit de faire le ménage, ramassant tous les détritus qu'il put trouver,

Le révérend Robert Stephen Hawker

décorations des Noël passés, vieilles roses moisies, pages de bibles dépareillées, vieux livres de prières et poèmes. Il empila le tout sur un charreton et alla sonner à la porte du vicaire.

« Voici tous les détritus que j'ai trouvés dans votre église », dit-il à Hawker d'un ton outragé. Le vicaire l'observa un instant, les lèvres retroussées en un rictus méprisant. « Vous n'avez pas tout ramassé, à ce que je vois, répondit-il. Ayez donc l'obligeance de vous asseoir sur ce tas, je me débarrasserai alors de toutes les saletés. »

Robert Hawker était issu d'une famille de clergymen et naquit le 3 décembre 1804. Une bonne tante l'envoya à l'école de Cheltenham, où il se fit une réputation de garnement, puis au Pembroke College, à Oxford. Malheureusement, les finances de son père ne lui permirent pas de laisser son fils à Oxford. Celui-ci décida de trouver un moyen. Sa méthode fut des plus énergiques.

Entendant parler d'une demoiselle Charlotte l'ans qui possédait un revenu de 200 livres par an, des terres et une jolie maison, il la demanda en mariage. Elle accepta et il se maria à vingt et un ans. Le fait qu'elle en eut quarante et un – un an de plus que sa mère –, et soit sa marraine ne le découragea nullement.

Pendant ses vacances, il construisit une sorte d'observatoire sur lequel il s'isolait pour composer ses poèmes. De beaux poèmes reflétant son amour de la Cornouailles et de ses habitants. Beaucoup se souviennent encore de lui à travers sa *Chanson de l'homme de l'Ouest,* plus connue sous le nom de *Trelawny va-t-il mourir ?*

Mais il possédait également un sens de l'humour très particulier. Son biographe, S. Baring Gould, raconte le tour qu'il joua à des gens superstitieux de Bude. Une nuit de pleine lune, en juillet 1825, il se rendit sur un rocher, à quelque distance du rivage, se confectionna une longue perruque avec des algues, s'enroula les jambes dans de la toile cirée et s'assit là, nu, renvoyant les rayons de la lune à l'aide d'un miroir. Il chanta et hurla jusqu'à ce qu'une petite foule s'attroupe. On murmura aussitôt qu'il s'agissait d'une sirène. Finalement, il plongea dans l'eau et disparut. Cela dura plusieurs nuits ; la foule grossissait à vue d'œil et se faisait plus curieuse. Mais, fatigué de hurler et d'être assis sur la roche humide, Hawker décida d'en finir.

Après avoir entonné le *God save the King,* la « sirène » se glissa dans l'eau et ne revint jamais.

Il entra dans les ordres et fut nommé curé d'une paroisse à North Tamerton à l'âge de vingt-cinq ans. Ses paroissiens n'avaient jamais vu un curé comme lui. Il montait à cru un poney sauvage, toujours accompagné d'un porc noir appelé Gyp qu'il aimait beaucoup et qu'il lavait et brossait jusqu'à ce qu'il brille. L'animal le suivait à la promenade et même dans les maisons. Si on lui demandait de sortir, il le faisait avec beaucoup de dignité, « étant une créature intelligente et obéissante ».

Enfin, à sa grande joie, on lui offrit l'église de Morwenstow. Il se lança dans la vie locale avec zèle. Il y avait souvent des naufrages sur cette côte tourmentée, et il était aussi courageux qu'un autre. Dès qu'on annonçait un nouveau naufrage, Hawker se précipitait et risquait sa vie dans la tempête. Ceux qu'il secourait étaient transportés chez lui, soignés, nourris, habillés et renvoyés chez eux avec des présents. Des lettres d'armateurs arrivèrent du monde entier pour le remercier de ce qu'il avait fait pour leurs hommes.

Il se prit de sympathie pour les métayers mal payés de sa paroisse et se battit pour eux vigoureusement. Les froides nuits d'hiver, il prenait des bouteilles dans son cellier, du lard dans son garde-manger, des couvertures dans son lit, puis il faisait la tournée des maisons pauvres pour voir si personne n'avait besoin de rien.

Il portait ses vêtements jusqu'à ce qu'ils soient usés jusqu'à la corde et n'avait point de beaux habits pour recevoir les évêques. Parfois, quand il faisait froid, on pouvait l'apercevoir sur une mule, la seule monture convenant à un ecclésiastique d'après lui, enveloppé dans une cape jaune qui le faisait ressembler à un moine tibétain. Il prenait un malin plaisir à conter aux plus crédules de ses paroissiens qu'il s'agissait de la copie des robes portées par les anciens saints cornouaillais qui avaient des affinités avec l'Orient. En fait, c'était une couverture jaune achetée à Bideford dans laquelle il avait fait un trou pour passer sa tête.

Pour dire la vérité, il haïssait le noir. A la mort de sa première femme, il fallut insister pour qu'il accroche un crêpe noir à son étrange chapeau prune sans bords pour les funérailles. Il se sentit perdu quand Charlotte le quitta et il se promena mélancoliquement sur les falaises pendant des jours. Ne se nourrissant plus que de lait caillé, matin, midi et soir, il faillit tomber malade.

Les gens continuèrent à visiter sa maison, qu'il avait bâtie près de l'église. La porte en était toujours ouverte. Les visiteurs venaient le voir, bien sûr, mais ils se déplaçaient aussi pour admirer ses curieuses cheminées, répliques miniatures de ses tours d'églises favorites. Se sentant très seul, il finit par se remarier avec une Miss Kuczynski, fille d'un noble polonais que des revers de fortune avait obligée à devenir gouvernante d'un clergyman.

Sur la fin de sa vie, Hawker ne fut pas heureux. Il était harcelé par des soucis financiers. Son église avait un urgent besoin de réparations. Il ne savait ce qu'allaient devenir sa femme et ses trois enfants après sa mort. L'inquiétude et la maladie le forcèrent à prendre des vacances. En 1875, sur la suggestion de sa femme, il se rendit à Plymouth pour voir un docteur et se reposer. Avant de partir, il alla regarder une dernière fois son paysage favori sur la falaise, certain qu'il ne le reverrait jamais. Il mourut bientôt à Plymouth, où il fut enterré bien qu'il ne l'ait pas souhaité.

Pendant des années, les habitants de Morwenstow aperçurent la longue silhouette du vicaire, se promenant dans le cimetière où il aurait tant voulu être enseveli, près de sa première femme et de ses chers naufragés.

Le curé dansant

Il écrivait des romans policiers et des tragédies

Lorsque le révérend Charles Robert Maturin apprit la danse, il en devint rapidement un fanatique. Il aimait tant gambiller qu'il aurait souhaité que la nuit ne finisse jamais. Chez lui, il tirait les rideaux et poussait les persiennes, même par grand soleil, puis il allumait des chandelles et dansait jusqu'à épuisement, prétendant que le bal venait juste de commencer.

Son entrain était incroyable. Il usait des douzaines de paires de chaussures à danser par saison et aucun de ses amis n'arrivait à lui tenir tête. Quand sa femme commença à se plaindre, il organisa des quadrilles matinaux chez des amis et vint deux ou trois fois par semaine se trémousser chez eux jusqu'à en user les tapis.

Enfant, à Dublin, Maturin aimait déjà se produire en habits de fête et montrer son agilité. Il avait un grand sens dramatique hérité probablement de sa famille, qui avait un passé pittoresque. Il descendait d'une lignée de Huguenots français et l'un de ses ancêtres était arrivé en Irlande après avoir passé vingt-six ans à la Bastille.

Après des études au Trinity College de Dublin, Maturin se maria jeune et embrassa la carrière ecclésiastique. Mais il s'aperçut bien vite que le salaire d'un curé ne correspondait guère à ses goûts exotiques. Submergé par les embarras financiers, il choisit l'écriture pour s'en sortir. Il produisit alors un nombre incroyable de récits furieusement romantiques aux titres tels que *Revanche fatale* et *Le Jeune Irlandais impétueux*. Ils furent suivis bientôt par toute une série de romans et pièces très noirs dans lesquels l'horreur succédait à l'horreur avec une régularité

Le révérend Robert Maturin, un intoxiqué de danse

monotone. Ces tragédies eurent un énorme succès. Il quitta alors l'Irlande pour se rendre à Londres où on lui fit le meilleur accueil. Certaines de ses pièces furent produites à Drury Lane, quartier des théâtres, avec le grand acteur Kean dans le rôle principal.

161

Kean, cependant, n'aimait guère les rôles que Maturin lui destinait. Recevant du révérend une nouvelle tragédie particulièrement sanglante, il s'empressa de perdre le manuscrit. Mais Maturin avait reçu assez d'argent pour s'acheter une maison à Dublin, où il peignit des nuages et des aigles au plafond et des scènes tirées de ses romans sur les murs.

Ne sachant gérer ses revenus, le pauvre Maturin passait sans cesse de l'opulence à la pauvreté. Il suffisait de le croiser pour être au courant de l'état de ses finances. Bien vêtu, il était dans une bonne passe ; une redingote râpée indiquait que le vent avait tourné. Mais il insistait pour que sa femme soit toujours de la dernière élégance. Rien n'était trop beau pour elle, même si le garde-manger était vide.

Le temps passa et le révérend Maturin devint de plus en plus distrait. Il lui arrivait de se rendre à un dîner le lendemain du jour dit, ou, s'il ne se trompait pas de date, de s'y présenter avec une botte à un pied et une chaussure à l'autre.

Lorsqu'il travaillait à un de ses romans, il vivait dans un autre monde. Dans ce cas, il se collait sur le front un disque de papier rouge pour indiquer à sa famille qu'il ne voulait pas être dérangé. Si des invités se présentaient pendant qu'il était en verve, il y avait gros à parier qu'il les oublierait ou les obligerait à manger froid. Sa dernière œuvre, *Melmoth le Vagabond* fut son chef-d'œuvre et a connu récemment une nouvelle édition en Amérique. Il mourut en 1824, à quarante-deux ans, par distraction. Il avait avalé le mauvais médicament !

L'étonnant archevêque

Il ne pouvait jamais laisser ses pieds en place

Sa Grâce, l'archevêque protestant de Dublin, se sentait particulièrement bien après un merveilleux dîner, sa conversation étincelait (il était d'ailleurs célèbre pour son esprit). Mais, pour une fois, sa finesse passa inaperçue. Tous les regards étaient fixés, horrifiés, sur son pied droit.

Il l'avait soulevé, l'avait replié sur sa cuisse gauche, avait agrippé le cou-de-pied des deux mains, comme pour l'étrangler, puis, après une dernière contorsion avait déposé son pied sur les genoux du prévôt Lloyd qui était assis à ses côtés. Et il resta là, pendant que l'archevêque racontait quelques histoires très drôles. Quant au malheureux prévôt, il se tint parfaitement immobile, bien que son meilleur costume soit traité comme un paillasson.

Une autre fois, au cours d'une réunion à Dublin, l'archevêque se trouva place à côté du président du tribunal, Doherty. Ce dernier, sentant venir un éternuement, mit la main à sa poche pour y prendre un mouchoir, et y trouva le pied de l'archevêque !

Richard Whately, primat protestant de Dublin de 1831 à 1863, a dû être l'un des hommes les plus agités qui aient jamais vécu. Son esprit brillant travaillait deux fois plus vite que celui du commun des mortels. Ses membres n'étaient jamais en repos.

Il était particulièrement nerveux avant les repas. Au domicile irlandais de Lord Anglesey, où il était régulièrement invité, il tirait une chaise devant le feu, s'y installait, étirait ses jambes puis posait les pieds sur le manteau de la cheminée, tout près de très rares porcelaines de Dresde.

Lady Anglesey arrivait péniblement à retenir sa langue. Whately avait déjà disloqué une demi-douzaine de chaises en s'y balançant sur un pied pendant qu'il parlait, et il y avait des trous dans la moquette devant la cheminée, là où il oscillait d'avant en arrière en se réchauffant le derrière. Parfois, fatigué d'attendre et totalement désintéressé de la conversation, l'archevêque se taillait les ongles ou fabriquait des boomerangs avec ses cartes de visites et les lançait dans la salle.

Il était tellement excentrique qu'on racontait que si quelqu'un ne connaissait pas d'anecdote à son sujet c'était sans importance. Il lui suffirait d'en inventer une. Beaucoup se plaignaient de sa conduite, peu digne de celle d'un archevêque, mais cela venait probablement du fait qu'il ne s'était jamais attendu à le devenir, ayant toujours rêvé de mener une confortable vie rurale à enseigner, prêcher et prendre soin de ses arbres.

Né dans une famille de lettrés – son père était le révérend Joseph Whately de Bristol –, le 1er février 1787, il fut principalement noté pour sa distraction dans sa jeunesse. Il ne se concentrait que sur ce qui l'intéressait. Il passait des heures au jardin à étudier les habitudes des araignées mais n'était jamais au courant des naissances, décès et mariages dans le voisinage, pas plus qu'il ne savait le nom des rues et des boutiques de son quartier.

A dix-huit ans il entra au Oriel College, à Oxford. Après ses examens, il y resta et devint l'un des professeurs les plus controversés de sa génération. Oxford, à cette époque, était extrêmement orthodoxe et conservateur, lui était d'esprit libéral, un penseur progressiste qui ne s'en cachait pas. Il fut terriblement incompris, d'abord parce qu'il ne mâchait pas ses mots, ensuite parce qu'il n'essayait pas de se faire des relations parmi ceux qui comptaient.

Cependant, lorsqu'il prêchait, il attirait d'énormes foules. On venait principalement pour voir ce qu'il allait faire car on savait qu'il ne se conduisait pas toujours avec une dignité toute ecclésiastique. Un jour, durant un sermon, « il remua tant la jambe qu'elle finit par pendre par-dessus la chaire et y resta jusqu'à la fin de son prêche ». L'assistance ne se tenait plus de rire.

L'archevêque de Dublin, Richard Whately

Il faisait ses cours à plat ventre sur un sofa, les jambes posées sur l'accoudoir. Parfois, il invitait ses élèves à l'accompagner dans sa promenade avec ses trois chiens. Cela voulait dire souvent qu'ils auraient à grimper aux arbres. En effet, Whately jouait avec ses chiens à une sorte de chasse au trésor canine : il se cachait dans un arbre en laissant un indice au sol, mouchoir ou canif, et les chiens devaient le retrouver.

Quand il quitta Oxford, un plaisantin déclara que l'université s'était enfin débarrassée de lui, que c'était la fin du cauchemar et qu'on allait pouvoir dormir tranquille. Mais après quatre ans de félicité rurale il fut rappelé pour devenir le principal de St Alban's Hall. Les plus pieux prièrent dans l'espoir qu'il soit devenu un professeur plus convenable, mais ils découvrirent rapidement que la vie au grand air ne l'avait pas changé. Un commentateur du *Times* résuma parfaitement la situation : « L'université va d'un côté, Richard Whately de l'autre. »

Il serait difficile de dire qui fut le plus surpris lorsqu'on lui offrit l'archevêché de Dublin, Whately ou ses collègues d'Oxford. Personne n'aurait jamais pensé qu'il puisse faire un candidat convenable à la mitre. Il ne connaissait personne en Irlande, n'avait pas l'ambition de faire fortune et ne courait pas après le pouvoir. Il n'avait jamais réclamé de faveur et paraissait parfaitement heureux tel qu'il était, vivant avec une femme délicieuse et choquant par moment les autres professeurs d'Oxford.

Mais Lord Grey, le Premier ministre, l'avait choisi pour d'autres qualités, et il savait qu'il était de son devoir d'accepter. Il considéra toujours avoir fait un sacrifice, espérant que les Irlandais le comprendraient et l'apprécieraient mieux que ses collègues d'Oxford.

Son bel optimisme ne dura pas longtemps. Dublin en voulait au gouvernement qui nommait des Anglais aux principaux postes en Irlande, aussi l'accueillit-on avec suspicion et méfiance. Consacré archevêque le 23 octobre 1831, il se sentit d'abord étranger dans sa propre église.

Cette méfiance se transforma bien vite en confusion. Les Irlandais ne savaient que penser d'un archevêque qui s'asseyait sur les chaînes devant son palais, une longue pipe de terre aux lèvres, et que l'on apercevait lançant le boomerang dans son jardin ou y jouant à cache-cache avec ses chiens !

Whately ressemblait à un fermier ou un marin, avec son teint frais et ses cheveux indisciplinés. Il succédait à l'archevêque Magee, une sorte de dandy qui sortait à cheval tous les matins pour se faire admirer des croyants. Whately, au contraire, détestait la pompe et le cérémonial accompagnant l'état d'archevêque. Son biographe, William John Fitzpatrick, raconte que lorsqu'il était obligé de porter l'ordre de Saint Patrick, Whately le laissait pendre autour de son cou comme une chose qui le dérangeait et qu'il aurait bien voulu jeter dans la première corbeille à papier. Il l'oubliait toujours ou le perdait. Un jour qu'il arrivait à la cour de William IV sans sa médaille, on lui ordonna d'envoyer quelqu'un la chercher chez lui.

Il trouva l'église protestante d'Irlande dans un grand désordre, le clergé négligent et sans discipline, s'attaqua à tout cela et se fit beaucoup d'ennemis. Mais il savait leur répondre quand c'était nécessaire. Un jour, il demanda à un clergyman qui avait dit du mal de lui : « Pourquoi vous comportez-vous comme la cloche de votre église ? » L'autre, malin, répondit : « Parce que je suis toujours prêt à sonner l'alarme quand l'église est en danger. » « Non, répondit l'archevêque, c'est parce que vous avez la tête vide et la langue trop longue. »

Whately s'entendit bien avec les catholiques et eut des relations amicales avec le digne primat catholique, monseigneur Murray. Sa plus grande réussite vint de l'aide qu'il reçut de Murray et de la hiérarchie catholique pour établir les plans d'une éducation nationale en Irlande.

Ils se rencontraient en compagnie de gens distingués comme le duc de Leinster et Lord Plunket. Parfois, Whately posait les pieds sur la table de conférence, mais, la plupart du temps, il se contentait de se balancer sur les deux pieds arrière de sa chaise. Il fit un trou dans la moquette, qu'on appela « le Trou de Whately » jusqu'à ce qu'on la change.

Intéressé par la phrénologie, la science permettant de lire le caractère d'après la forme du crâne, il essayait de deviner les vertus et les défauts de ses voisins lorsque les réunions l'ennuyaient.

« Avez-vous entendu parler du dernier test de phrénologie, messieurs ? demanda-t-il un jour. Il permet de calculer la malhonnêteté de quelqu'un en déposant une poignée de pois sur sa tête. S'il en reste beaucoup au sommet du crâne, mieux vaut dire au majordome de surveiller l'argenterie ! » Malheureusement, il raconta cela sans quitter des yeux le crâne assez plat d'un très respectable prévôt.

Les enfants l'adoraient. Il déclarait souvent qu'au jour du jugement dernier ils seraient libres de jouer tout leur soûl et se plaignaient que les dimanches soient lugubres, ce que les calvinistes de sa congrégation n'appréciaient guère. Mais quand il s'agissait de bonté et de générosité, il était sans pareil. Il distribua ainsi la presque totalité de sa fortune, faisant la charité sans éclat et discrètement. Durant la Grande Famine, il donna des instructions pour que son clergé traitât tous les nécessiteux de la même manière, protestants comme catholiques. Ceux à qui il prêtait de l'argent devaient s'engager à le rendre quand ils seraient tirés d'affaire, mais pas à lui, à de plus malheureux qu'eux.

Sa vie familiale fut extrêmement heureuse. Il était tout dévoué à sa femme et l'adorait. Lorsqu'elle mourut, en 1860, après trente-huit ans de mariage, il s'assit dans l'escalier et pleura comme un enfant. A partir de cet instant, sa robuste santé commença à donner des signes de lassitude. Les médecins étaient désespérés par son attitude. Whately refusait en effet de se soigner et leur recommandait de jeter leurs médicaments par les fenêtres. Il fut mis hors de combat par une attaque et mourut dans de terribles souffrances, bien qu'entouré par de nombreux amis.

A Dublin, les gens se rendirent brusquement compte de ce qu'ils venaient de perdre. Ils ne le verraient plus prendre l'air à St Stephen's Green, faire de l'exercice en faisant le moulin avec ses bras, jeter des pierres aux corbeaux ou s'ébattre avec ses chiens. On ne rencontre pas souvent des archevêques tels que Richard Whately.

Un aventurier oriental

Marié à une blanchisseuse, il posait en prince ottoman

Edward Wortley Montagu s'acheta une perruque en fer à Paris pendant l'été 1750. Cet achat fit sensation à Londres. « On dirait vraiment des cheveux », nota Horace Walpole dans une lettre un rien cancanière à un ami. La perruque était portée crânement avec un habit de satin et une parure de diamants différente chaque jour, ajoutant encore à la réputation éblouissante de celui qui la possédait.

Mais la sensation ne fut rien comparée à la commotion qu'il provoqua quelques années plus tard en se convertissant à l'Islam et en arrivant vêtu d'un turban safran, avec une aigrette en joaillerie que seul un véritable prince de l'Empire ottoman avait le droit de porter.

Le célèbre voyageur expliqua alors, à la grande fureur de sa mère, Lady Mary Wortley Montagu, que cette coiffe était convenable car il n'était pas le fils de son père mais le fruit des amours coupables de sa maman et du sultan de Turquie. Il ajouta également, sans la moindre gêne, que Lady Mary, au cours d'un voyage à Constantinople, s'était glissée dans le harem, le saint des saints du sultan, en se faisant passer pour un eunuque.

Pour Lady Mary, elle-même une excentrique, la dernière fantaisie d'Edward fut la goutte d'eau qui fit déborder le vase. Belle, pleine d'esprit et auteur de quelques-unes des lettres les plus amusantes de la langue anglaise, elle le traita d'« animal » et, en représailles, ne le coucha pas sur son testament.

Toute sa vie, Edward se joua des règles. Il eut une maîtresse à treize ans, autant d'épouses qu'il voulut et presque autant de religions.

Il naquit en 1713. Son père, qui n'avait rien du potentat

oriental, était Edward Wortley Montagu senior, un diplomate anglais qui, malgré son immense fortune, était un avare renommé. Il enleva la belle Lady Mary pour la négliger honteusement par la suite.

Edward fut un enfant délicat, et sa mère écrivit à sa sœur : « J'espère et je prie Dieu qu'il vive pour qu'il soit notre réconfort... » Elle ne savait pas ce qui l'attendait.

Lorsqu'il eut trois ans, son père fut nommé ambassadeur à Constantinople et la famille alla s'installer en Turquie. La variole y faisait alors rage et Lady Mary prit une précaution que tout le monde trouva du dernier excentrique. Elle fit vacciner son enfant. Edward déclara plus tard que ce vaccin changea sa vie, lui donna du sang turc et la passion des contrées lointaines.

De retour en Angleterre, deux ans plus tard, Edward se montra bien trop précoce pour ses professeurs. Il jurait couramment en grec, turc et français et refusait d'apprendre ses leçons. Ses parents l'expédièrent à Westminster, qu'il détesta. Les restrictions imposées dans les écoles anglaises n'étaient pas supportables pour un garçon de sa vivacité. Il s'enfuit un grand nombre de fois, mais il fut rattrapé, battu et reconduit à l'école. Un jour, il échangea ses vêtements avec ceux d'un petit ramoneur et tenta de gagner sa vie en nettoyant les cheminées. Une autre fois, il entra comme apprenti au service d'un pauvre pêcheur et fut pris alors qu'il vendait des carrelets à Londres.

A treize ans, il s'enfuit à Oxford, s'inscrivit lui-même aux langues orientales et logea chez une femme plantureuse qui devint bientôt sa maîtresse.

Sa mère écrivit à une amie : « Ce jeune noceur, mon fils, s'est enfui l'autre jour et s'est transporté à Oxford, étant, à son avis, parfaitement qualifié pour suivre les cours de l'université. Après bien des recherches, nous l'avons retrouvé et réduit, contre son gré, je dois dire, à l'humble condition d'écolier. » Elle ajoutait, comme à regret : « Il se trouve, fort heureusement, que la sobriété et la discrétion sont du côté de ma fille. Malheureusement, la laideur aussi. Mon fils, en revanche, devient extrêmement beau... »

Pauvre femme. Moins de quatre mois plus tard, Edward s'enfuit à nouveau, et cette fois pour deux ans. « Je suis horriblement vexée. Mon filou de fils, malgré son jeune âge, a encore fait des siennes et on ne parle que de lui. Il est parti à l'aventure, Dieu seul sait où, et il est impossible de le retrouver... »

Edward se trouvait à bord d'un navire marchand en partance pour le Portugal. Il avait de nouveau échangé ses vêtements avec un garçon de son âge et avait supplié le capitaine de l'engager comme garçon de cabine. En arrivant à Porto, il prit ses jambes à son cou. Il travailla comme conducteur de mules et fut parfaitement heureux, jusqu'au jour où il fut reconnu sur le port par le consul britannique qui le renvoya à ses parents désespérés. On l'expédia, pour le calmer, aux Antilles, avec un précepteur pour le surveiller, ce qui ne l'empêcha pas de revenir à Londres à l'âge de dix-sept ans et d'y épouser une blanchisseuse, Sally, une nuit de bamboche. Ce fut la chose la plus stupide qu'il fit jamais, car il dut l'entretenir le reste de sa vie.

Après cette escapade, il fut exilé en Hollande, avec l'inévitable tuteur et une chiche pension de 300 livres par an. Il se conduisit assez bien, apprenant l'arabe et expédiant force lettres contrites à ses parents dans lesquelles ils les suppliait de le rapatrier, acceptant d'entrer dans un monastère ou même d'épouser une riche héritière. Il avait simplement oublié qu'il était déjà marié. Mais il ne fut libre qu'au bout de quatre ans.

Il rejoignit l'armée de Flandres, servit comme officier à la bataille de Fontenoy et impressionna tout le monde, sauf sa mère, par les comptes rendus colorés de ses exploits. En fait, il tomba de cheval, fut fait prisonnier par les Français et dut ainsi se tenir tranquille un temps.

Après sa libération, il changea du tout au tout, devint une sommité des langages orientaux, fut membre du parlement, secrétaire de Lord Sandwich à la signature du traité d'Aix-la-Chapelle et fut fait membre de la Royal Society.

Mais c'était toujours un incorrigible filou. Vers 1750, on le revit à Londres, étonnant le monde par ses extravagances et ses

Edward Wortley Montagu

dettes. Horace Walpole, dont la correspondance donne une image vivante de la vie au XVIIIe siècle, écrivit à un ami : « Notre plus grand miracle est le fils de Lady Mary Wortley. Ses dépenses sont incroyables. Son père ne lui donne pratiquement rien, ce qui ne l'empêche pas d'acheter habits et joyaux. Il possède tant de boîtes à priser qu'elles conviendraient à une idole chinoise avec cent nez. Mais la partie la plus curieuse de son accoutrement est une perruque en fer qu'il a ramenée de Paris. On dirait vraiment des cheveux... »

Un jour, Edward alla remonter le moral d'un bandit de grand chemin à la mode qui venait d'être arrêté et emprisonné. Ce James McClean fascinait les femmes et deux beautés se trouvaient dans sa cellule, dont une petite blonde effrontée, Elizabeth Ashe. Edward en tomba follement amoureux, l'épousa, devenant ainsi bigame, et s'enfuit à Paris en « voyage de noces », couvert de diamants et portant sa fameuse perruque.

Quand son millionnaire de père mourut, ce fut le choc. Il laissait sa fortune à sa fille, Mary, qui avait épousé le comte de Bute. Edward en fut horrifié et humilié. Malgré une pension annuelle de 1 000 livres, qui atteindrait 2 000 livres à la mort de sa mère, il n'était pas l'héritier. Elizabeth Ashe ne s'intéressa plus à lui et se perdit rapidement dans les tourbillons des plaisirs.

Terriblement froissé, Edward décida de tourner le dos au monde brillant et frivole et devint un savant. Il intensifia ses études d'arabe, se plongea dans les livres traitant de l'Orient et prépara un voyage qui durerait au moins dix ans. Se débarrassant de sa perruque, il adopta le turban et se laissa pousser une longue barbe.

En 1763, il prit la mer pour l'Égypte. Sa première escale fut Alexandrie, où il séduisit la femme du consul du Danemark pendant l'absence de celui-ci, et s'enfuit avec elle le long du Nil. La belle Caroline Feroe était la fille d'un père irlandais et d'une mère italienne. Fatiguée de son intègre protestant de mari, elle fut ravie d'être courtisée par cet Anglais extraordinaire aux manières impeccables et aux beaux yeux noirs brillants. Elle ne demanda qu'à croire l'histoire que lui conta Edward, à savoir qu'Herr Feroe s'était noyé en mer, et suivit son amant sur les rives du Nil, tentant d'apprendre l'arabe pendant qu'il s'intéressait à l'astronomie et aux hiéroglyphes.

Ils s'unirent par une sorte de mariage à Rosette, mais apprenant le retour de Herr Feroe et son désir d'engager la poursuite, Edward entraîna une Caroline stupéfaite vers la péninsule du Sinaï. « Comme Moïse poursuivi par le Pharaon, écrivit-il plus tard, je guidai mes pas vers les étendues sauvages. »

Ce fut une lune de miel bizarre. Edward hanta le Sinaï avec l'Ancien Testament dans une main et celle de la femme du consul dans l'autre. Il suivit le chemin de l'Exode, se tint sur le rocher où Moïse se trouva face à Dieu et découvrit le passage dans la montagne qu'empruntèrent les Juifs pour gagner la mer Rouge. Ses récits de voyage expédiés au pays furent lus avec admiration à la Royal Society.

Mais Caroline commençait à se montrer maussade. Edward passait son temps à étudier de vieilles inscriptions sous un soleil de plomb et il ne lui restait que peu d'énergie pour jouer à l'amoureux transi. Elle lui rappela qu'il était temps de tenir sa promesse de devenir catholique et de faire annuler son mariage avec Herr Feroe.

Tournant le dos au désert, Edward essaya de mettre un peu d'ordre dans ses affaires. Il amena Caroline à Jérusalem, fut reçu dans « le giron de la Sainte Église », laissa l'objet de sa flamme dans un couvent et prit le chemin de Venise où il espérait activer les démarches qui devaient la libérer du Danois.

L'accueil de Venise le stupéfia. Arrivant d'un pays touché par la peste, il fut mis en quarantaine et enfermé en un lieu où un corridor le séparait du reste de l'humanité. Mais pratiquement tous les Anglais vivant à Venise lui rendirent visite et l'écoutèrent avec attention relater ses voyages.

Sa barbe atteignait maintenant sa taille, en une cascade ondoyante de boucles parfumées. Il portait une coiffe arménienne colorée et des robes larges, couchait sur le sol, ne buvait que de l'eau et ne s'autorisait d'autres luxes que le tabac et le café.

Loin de Caroline, le mariage semblait moins attirant et il passa les années suivantes à vagabonder. On raconte qu'il fut le premier Anglais à pénétrer à Constantinople barbu, enturbanné et parlant couramment le turc.

Finalement, il revint en Égypte où la patiente Caroline s'arrangea pour lui mettre le grappin dessus, et ils furent mariés au cours d'une cérémonie catholique. Ils s'installèrent à Rosette. Edward, cependant, avait ses idées sur la façon de tenir un ménage. Malgré sa conversion, il déclara qu'il finirait sa vie comme un Arabe et divisa la maison en « selamlik », le quartier des hommes, et « haremlik », celui des femmes. Deux choses, pourtant, le dérangeaient, la présence de son beau-père irlandais et l'allure d'une servante noire égyptienne appelée Ayesha. A la fin, il adressa un ultimatum à son beau-père pour qu'il parte. Il ne fit plus aucun effort pour cacher sa passion pour la lascive Nubienne et la tempête éclata. Caroline partit avec son gêneur de père, laissant Ayesha consoler son mari.

Edward avait déjà été souvent consolé par Ayesha. Elle avait maintenant un enfant, un petit garçon noir, appelé Massoud, qui était élevé comme le fils d'Edward. Celui-ci embrassa la religion musulmane et épousa ensuite sa beauté noire. Pour lui plaire, il se mit à porter une amulette phallique autour du cou, une paire de testicules de bouc desséchées ! Puis, pour couronner le tout, il décida de faire le pèlerinage à la Mecque. Il n'y avait qu'un obstacle, il n'avait jamais été circoncis. Il avait maintenant soixante ans et tout le monde lui disait qu'il était trop âgé. Il répondit qu'Abraham avait quatre-vingt-dix-neuf ans lorsqu'il l'avait été et personne ne fit plus d'objection.

Il n'alla jamais à la Mecque et son mariage avec Ayesha ne dura pas plus que les autres. Il partit avec Massoud et s'installa à Venise. Là, dans son palais, il recevait les visiteurs assis en tailleur sur un coussin, à la manière turque, leur faisant servir du café, des figues sèches et des rahatlokoums par un jeune esclave noir magnifiquement vêtu de satin aigue-marine. Il ne voyait personne avant midi, la matinée étant occupée à mettre en forme sa barbe à l'aide de papillotes en papier, la preuve, disait-il, de sa foi dans le Prophète.

Il était servi par deux eunuques uniquement vêtus de bracelets d'argent, aux poignets et aux chevilles, et d'un petit « filet de modestie » métallique. Sur sa gondole flottait l'étendard royal turc et sa tête était serrée dans le turban safran qui avait mis sa mère tellement en colère.

Brusquement, cette vie idyllique fut interrompue par une nouvelle stupéfiante. On lui apprit en effet que Sally, sa blanchisseuse de femme, venait de mourir. Le testament de son père stipulant qu'il ferait une pension de 800 livres par an à toute femme légalement épousée par son fils, et tout fils légitime avait droit à un domaine considérable dans le Yorkshire, Edward pensa qu'il n'était pas trop tard pour se trouver une épouse.

Évidemment, il s'y prit de la façon la plus bizarre. Il passa une annonce réclamant une veuve ou une célibataire de bonne naissance et de manières polies enceinte de six, sept ou huit mois. S'il la trouvait à son goût, il comptait l'épouser et mettre le domaine à son nom à lui.

Le sort voulut qu'un tel projet ne vît jamais le jour. Plusieurs femmes répondirent à son annonce, mais leurs lettres arrivèrent trop tard.

Une nuit, dégustant son mets favori, des ortolans à la broche, un petit os pointu vint se planter dans sa gorge. Malgré tous les efforts des docteurs, on ne put le déloger. Un abcès se forma, l'infection se répandit et il ne put bientôt plus s'alimenter qu'avec des yaourts.

Tandis qu'il gisait, comateux, dans son lit, entouré d'amis, un prêtre s'approcha qui lui demanda comment il comptait quitter le monde. Il répondit fermement : « J'espère que ce sera en bon Musulman. » Il perdit alors connaissance et mourut le matin du 29 avril 1776.

Il ne sut jamais que le mariage « légal » sur lequel il comptait tant n'aurait jamais pu avoir lieu. L'ami qui lui avait appris la mort de Sally était mal informé. La blanchisseuse lui survécut.

Le véritable Philéas Fogg

George Train fit quatre fois le tour du monde

Un beau matin de juillet 1870, un riche homme d'affaires américain du nom de George Frances Train partit pour effectuer l'un des plus célèbres voyages jamais accomplis. Le Tour du Monde en Quatre-Vingt Jours ! Deux ans après son retour, il fut immortalisé par le fameux roman de Jules Verne. Verne avait changé son nom en celui de Philéas Fogg, l'Anglais itinérant. Mais sa source était évidente. Train ne fut pas content. « Il a volé ma gloire, protesta-t-il. Je suis Philéas Fogg. »

George Train, qui s'arrangea pour compresser trois ou quatre vies en une en faisant toute chose à une incroyable vitesse, préférait faire sa publicité lui-même. Fogg était présenté dans le livre de Jules Verne comme un Anglais peu locace et précis, un pilier du Reform Club, alors que Train était un Bostonien erratique et non-conformiste, un des fondateurs de l'Union Pacific Railway. Fogg était froid, peu émotif, Train était un impulsif explosif. Fogg fit son voyage à la suite d'un pari, dans la meilleure tradition sportive anglaise, Train l'effectua parce qu'il s'ennuyait et ne pouvait rester en place plus de cinq minutes.

Les deux hommes avaient au moins deux choses en commun, ils adoraient tous deux les tempêtes et les typhons et dépensaient sans compter quand il s'agissait de se procurer un moyen de locomotion.

Le tour du monde de Train fut un extraordinaire exploit à une époque où on se déplaçait en voiliers, diligences et « cheval de fer ». Il partit de New York, traversa les territoires indiens pour atteindre San Francisco dans les plus brefs délais puis appareilla pour l'Orient, arrivant au Japon vingt-cinq jours plus tard et étonna les Japonais en se baignant nu dans un bain public. Il poursuivit sa route par Hong Kong, Saïgon et Singapour, emprunta le canal de Suez nouvellement ouvert puis arriva à Marseille.

Sa réputation de rebelle et de défenseur des « causes » l'avait précédé en France. A son arrivée, les Marseillais lui demandèrent d'oublier son voyage et de devenir le chef de file de leur « commune ». Il refusa mais ne put résister au plaisir de parler politique, ce qui lui fit manquer son train. A Lyon, on le prit pour un « rouge » et il fut jeté en prison. Il fallut l'intervention de son ami Alexandre Dumas, du président des U.S.A. lui-même, du *New York Sun* et du *Times* de Londres pour qu'on le libère et l'expulse. Ayant perdu treize jours précieux, il loua un train privé et traversa la France en direction de la Manche. Une fois en Angleterre, il se précipita à Liverpool où il attrapa un navire à la dernière seconde. Il arriva à New York quatre-vingts jours après son départ (à l'exclusion de son arrêt à Lyon).

George Train, bel homme brun poussé par ce qu'il appelait ses « forces psychiques », avait quarante et un ans quand il fit son premier tour du globe. Il recommença trois fois son voyage, effectuant le dernier à soixante-trois ans et en soixante jours.

Il fit son premier voyage à l'âge de quatre ans, une expérience traumatisante. La famille Train vivait à la Nouvelle-Orléans lorsqu'une épidémie de fièvre jaune frappa la ville. Les gens mouraient si vite qu'il leur fallait confectionner eux-mêmes leurs cercueils. Le jeune George perdit sa mère, son père et trois sœurs. On l'envoya alors chez ses grands-parents maternels dans le Massachussetts. Il voyagea seul sur un cargo, une carte d'identité épinglée sur sa veste, et passa vingt-trois jours en mer sans qu'on le change et avec presque rien à manger.

Ayant survécu à ce voyage, George Train décida alors qu'il marquerait le monde de son passage. Ses grands-parents, des méthodistes stricts, aurait voulu qu'il devienne clergyman, mais comme il était devenu athée, ils acceptèrent qu'il travaille dans une épicerie. Ce travail était dur et peu encourageant. Un jour, le riche cousin de son père, le colonel Enoch Train, vint leur rendre visite dans une splendide calèche. George fut terriblement impressionné. Cela, décida-t-il, représentait sa façon de voir la vie.

Le lendemain, il se présenta au bureau de son oncle, à Boston. « Quand dois-je commencer ? » demanda-t-il. Son audace fut payante. Dans les deux ans, il dirigea la firme, quatre ans plus tard il était associé minoritaire à 10 000 dollars par an.

La rapidité fut le secret de son succès. Il cherchait toujours comment faire les choses plus vite. Il se débarrassa des vieux voiliers du colonel et le persuada d'acheter des navires plus importants et plus rapides. Mais, quand les affaires firent un bond en avant, et qu'il demanda au colonel d'être un associé à part entière, celui-ci faillit avoir une attaque. George décida alors qu'il était temps de voir le monde.

Il partit pour Melbourne et se joignit avec délectation à la ruée vers l'or. Peu satisfait des baraques de planches construites par les « Aussies », il se fit expédier de Boston un entrepôt de six étages, installa ses bureaux dans la rue principale et entreprit de faire fortune. Il vendit de l'or, proposa des transports plus rapides et importa des marchandises inconnues des Australiens. George était fasciné par cette partie du monde, mais ce n'était pas le monde qu'il rêvait de découvrir. Au bout de deux ans, il partit explorer les grandes villes de l'Extrême-Orient, de l'Inde, de la Palestine et de l'Égypte. Le *New York Herald* publia seize colonnes de ses lettres et on lui demanda de se présenter au Congrès.

De retour au pays, il prouva bien vite qu'il était devenu un homme avec lequel il fallait compter. Un jour, alors qu'il dînait dans un hôtel d'Omaha, il se disputa avec le directeur, persuadé qu'on l'avait négligé. Il acheta dans les heures suivantes un terrain de l'autre côté de la rue, dessina sur le dos d'une enveloppe les plans d'un hôtel mieux conçu et offrit à un entrepreneur 1 000 dollars par jour pour qu'il le construise en soixante jours. Il partit alors en vacances. A son retour, le Cozzens Hotel, trois étages, 120 chambres, était prêt à accueillir ses premiers clients !

Il avait maintenant une femme et une fille mais, malgré sa

dévotion aux causes révolutionnaires, il lui vint le désir un peu snob de fréquenter l'aristocratie européenne. En 1856, il arriva à Paris, réserva un appartement dans un luxueux hôtel et commença à se frotter à la bonne société. Plus tard, il se vanta d'avoir conversé en français avec l'impératrice Eugénie.

A Rome, on le reçut avec une ferveur toute révolutionnaire, certains le prenant pour Garibaldi, puis il se rendit en Russie. Là, Moscou l'impressionna tout particulièrement.

Quoi qu'il fasse, il se trouvait toujours mêlé à des armées de libération et à des révolutionnaires, bien que détestant la violence et mourant de peur devant une arme à feu. Durant sa vie, il connut quinze fois la prison, et cinq ou six gouvernements attachèrent des espions à ses basques en Europe et en Amérique.

Pendant tous ces voyages, il continuait à faire des affaires. Sa dernière opération importante fut le financement et la construction de l'Union Pacific Railway, en Amérique. Vanderbilt lui dit : « Si vous essayez de bâtir un chemin de fer à travers le désert et les montagnes Rocheuses, on vous prendra pour un fou... » Cela ne l'arrêta pas. A quarante ans il était millionnaire. Il admit alors en avoir fait trop, trop facilement et trop vite.

Que lui restait-il ? Comme il ne supportait pas de se trouver dans l'ombre, il se lança dans la politique. Convaincu qu'il était le plus grand homme du monde, il voulut être président. Mais les gens le décrivaient comme « étant un messie sans message », « moitié génie, moitié fou ».

Il devint l'unique candidat du Parti des Citoyens. Vêtu d'un costume bleu à boutons dorés resplendissants, il visita le pays de long en large, y faisant plus de mille discours. S'apercevant qu'il ne gagnerait pas, il planta là sa campagne et partit pour le voyage qui devait faire de lui le véritable Philéas Fogg.

Il avait une tendance alarmante à finir en prison. Après avoir publié une colonne de citations empruntées à la Bible relatives aux rapports sexuels pour prouver un point ou un autre, il fut arrêté pour obscénité et jeté en prison. Pendant son séjour, il donna des interviews à la presse, vêtu d'un manteau de peau de phoque à la dernière mode. Il devint également l'ami d'un assassin connu sous le nom du « fameux Sharkey ». Sharkey fut si impressionné par George qu'il le fit élire Président du Corridor des Assassins.

Tout le monde savait que cette accusation d'obscénité ne tiendrait pas, de plus, avec George derrière les barreaux, c'était des ennuis assurés. On ordonna à la police de laisser la porte de sa cellule ouverte, on tenta de prendre un accord avec lui, de le persuader de partir. Rien n'y fit. Sûr de son bon droit, il insista pour passer devant le tribunal. Le juge, se sentant piégé, essaya d'obtenir un verdict de « coupable mais dément ». George, furieux, décida alors de se comporter comme tel, se surnommant « Le Plus Grand Excentrique d'Amérique ».

Il devint végétarien et se mit à croire que s'il mangeait suffisamment de cacahuètes il vivrait jusqu'à cent cinquante ans. Au lieu de serrer la main aux autres, il se la serrait lui-même, comme il l'avait vu faire en Chine. Pendant un temps, il refusa d'adresser la parole à quiconque, écrivant sur un bloc quand il voulait communiquer. Il inventa même un nouveau calendrier basé sur sa date de naissance.

Il perdit progressivement sa fortune et dut écrire et donner des conférences pour vivre. Ses cheveux et sa moustache étaient longs et blancs, il portait une redingote militaire avec une ceinture écarlate, un rang de pièces chinoises autour du cou et une ombrelle verte.

Il vécut alors dans une petite chambre, écrivant des articles pour un petit hebdomadaire qu'il publiait, le *Train's Penny Magazine,* dans lequel il raillait la religion, les ventes par correspondance et la guerre avec l'Espagne. Il dicta aussi sa biographie. « J'ai vécu vite. J'ai toujours cru à la vitesse. Je suis né dans un monde lent et j'ai graissé les roues pour que le train aille plus vite... »

Il passa les dernières années de sa vie sur un banc, à Madison Square Garden, nourrissant les écureuils et jouant avec les enfants. Il mourut à soixante-quinze ans, le 4 janvier 1904, à New York. Ceux qui se souvenaient de sa gloire passée, et ils furent nombreux, vinrent le saluer une dernière fois.

Le grand dompteur d'animaux

Ami des singes et des crocodiles, il ouvrit la première réserve naturelle du monde

Le grand naturaliste anglais du XIXᵉ siècle, Charles Waterton, captura un jour un crocodile en sautant sur son dos, en lui faisant une prise de judo sur les pattes antérieures et en le montant comme un cow-boy monte un cheval sauvage. Quand on lui demanda comment il avait fait pour ne pas tomber, il répondit modestement qu'il avait chassé un temps le renard avec l'équipage de Lord Darlington.

Waterton n'avait peur de rien et fréquenta les endroits les plus sauvages de la planète. Il se promenait dans la jungle pieds nus et sa bravoure en fit une légende.

En Guyane, il décida de capturer un boa constrictor pour examiner ses dents. Des guides locaux l'aidèrent à attraper le specimen idéal, mais ils furent terrifiés par l'énorme bête. Waterton les supplia de tenir bon le temps qu'il l'enferme dans un sac, mais ils lâchèrent prise. Il eut cependant le temps de lui ficeler la mâchoire avec ses bretelles.

Les chauves-souris vampires le fascinaient. Lors d'une de ses expéditions en Amérique du Sud, il en attrapa une et l'enferma dans sa chambre la nuit. Il se glissa ensuite dans son hamac et y dormit avec un pied dehors, espérant que l'animal serait attiré par son gros orteil. Il désirait être mordu pour étudier l'effet du poison toxique de la créature. Mais le vampire l'ignora et se rabattit sur un malheureux Indien qui partageait son logement. Waterton ne recommença jamais l'expérience.

Sa réputation de naturaliste fut établie par quatre voyages qu'il effectua en Amérique du Sud et dans la jungle brésilienne ; le premier en 1812. Bien qu'étant peu orthodoxe, il fut bientôt reconnu comme le plus grand expert en oiseaux et animaux de ces régions, et le livre racontant ses voyages devint un best-seller.

Lorsqu'il s'établit finalement en Angleterre, ce fut pour succéder à son père comme Squire de Walton Hall, la résidence familiale du Yorkshire.

Son allure était très peu anglaise. Il était grand, mince, bronzé, avec un visage rasé de près et les cheveux coupés court à une époque où les hommes portaient favoris et cheveux longs.

Il possédait également beaucoup de charme, de gentillesse et de gaieté.

Quand il s'installa à Walton Hall, il étonna ses voisins en faisant construire sur ses terres une clôture de 2,5 mètres de hauteur et de 4,8 km de longeur. Derrière ce mur, il créa un parc qui devint le premier sanctuaire d'oiseaux et d'animaux sauvages du monde.

Les visiteurs croisaient d'étranges animaux se promenant librement dans la maison. Waterton aimait tout ce qui vivait, à l'exception des rats d'égouts qu'il détestait, et il avait une affection toute particulière pour les caprices de la nature. Il possédait un petit hérisson albinos aux yeux roses et un canard qui n'avait pas de membrane entre les doigts. Pendant un temps, son plus proche compagnon fut un crapaud du Brésil. Il se montra très fâché quand un visiteur le trouva très vilain. Un paresseux tridactyle vécut des mois dans sa chambre, accroché au dossier d'une chaise.

Son passe-temps favori était la taxidermie et il rassembla une énorme collection d'animaux empaillés. Il créa des monstres extraordinaires en montant ensemble deux ou trois corps différents. On en trouvait dans toute la maison et les visiteurs étaient souvent effrayés lorsqu'ils tombaient sur l'une des créations de Waterton dans un corridor mal éclairé. Ardent catholique, il donnait le nom de protestants célèbres à ses spécimens les plus grotesques.

Toute sa vie, Waterton insista sur le fait qu'il était un homme des plus ordinaires et qu'il lui serait impossible de commettre une excentricité. Pourtant, il lui arriva de disséquer un gorille

Charles Waterton, le grand naturaliste anglais

sur la table de la salle à manger juste après qu'on eut débarrassé la table des reliefs du repas.

Aimant plaisanter, il lui arriva d'entrer dans une pièce à quatre pattes ou sur les mains, les jambes en l'air, et de hurler de rire en apercevant la tête que faisaient les gens. Il se cachait dans l'entrée et, se prétendant un chien, pinçait les mollets de ses amis lorsqu'ils arrivaient.

Son agilité était remarquable. A l'âge de quatre-vingts ans, il grimpait encore aux arbres, ressemblant, comme le nota l'écrivain Norman Douglas, « à un jeune gorille ».

Jeune homme, il grimpa un jour sur la tête d'un ange surmontant le château Saint-Ange à Rome et divertit la foule en se tenant là sur un pied. Il escalada également Saint-Pierre en utilisant la chaîne du paratonnerre, laissant ses gants comme carte de visite. Le pape se montra furieux. Mais comme personne n'osait entreprendre la même escalade, ce fut le dévot Waterton qui alla les chercher.

Il avait des relations uniques avec les animaux. La preuve en fut donnée lors d'une rencontre mémorable avec un énorme orang-outang au zoo de Londres. L'animal venait juste d'arriver de Bornéo et était extrêmement sauvage. Waterton demanda à le voir et fut frappé par la tristesse qu'il lut dans ses yeux. Il demanda alors la permission de pénétrer dans la cage. Le conservateur essaya vainement de l'en dissuader et une petite foule se rassembla devant la cage pour assister au face à face.

Les spectateurs furent stupéfaits de voir Waterton et l'orang-outang se jeter dans les bras l'un de l'autre. Le grand singe laissa Waterton examiner ses dents et la paume de ses mains et retourna le compliment en mettant un doigt dans la bouche de Waterton et en faisant mine de compter ses molaires. Tous deux s'assirent ensuite et le naturaliste se laissa épouiller par son « ami ». Ils se séparèrent à regret et on parla longtemps de cette rencontre dans le petit monde de la zoologie.

Waterton fut profondément affecté par la mort de sa jeune épouse, en 1830. A partir de ce jour, il ne dormit plus jamais dans un lit. Il s'enveloppait dans un manteau et s'allongeait sur le sol, une bûche de hêtre sous la nuque comme oreiller. Il se levait à 3 h 30 du matin, allumait son feu et, après une heure passée dans sa chapelle privée, commençait son travail de la journée. Pour petit déjeuner, il avalait un toast, du cresson et du thé léger sans lait.

Bien que surtout connu pour son amour des animaux, il était incroyablement bon avec son prochain. Il ouvrait régulièrement les jardins du domaine pour que les ouvriers du textile puissent profiter d'une journée au grand air et recevait deux fois par an les patients d'un asile d'aliénés voisin, dansant avec eux et les promenant en barque sur le lac.

Waterton mourut en 1865. Pendant quatre-vingt-trois ans il avait soulevé l'admiration et la consternation dans son entourage.

Charles Waterton

Papillons et beaux

Elle discutait avec des savants et trinquait avec des bandits

Miss Margaret Fountaine était une vieille fille anglaise fascinante qui passa sa vie à tomber amoureuse et à chasser les papillons. Chaussée de tennis et coiffée d'un casque colonial, elle escalada les montagnes, arpenta les jungles, dormit dans des huttes infestées de moustiques de Damas au Tibet, dans l'espoir d'ajouter des spécimens rares à sa collection. Tout en voyageant dans certaines des régions les plus dangereuses du globe, armée seulement d'un filet à papillons, elle s'arrangea pour capturer des lépidoptères et des hommes !

Elle faisait partie de cette race d'Anglaises intrépides et excentriques que produisit l'Angleterre victorienne.

Sa magnifique collection de 22 000 papillons montée dans dix grandes boîtes d'acajou fut offerte au Castle Museum de Norwich en 1940, à condition que le conservateur accepte aussi une boîte de métal noir scellée qui ne serait ouverte que le 15 avril 1978.

Personne ne savait ce qu'elle contenait, mais quand on brisa les scellés on trouva son journal, douze volumes, trois mille pages de prose vivante rédigées d'une écriture nette, accompagnées de photos, dessins, cartes postales et fleurs séchées. Certains volumes furent publiés par W.F. Cater, rédacteur adjoint du *Sunday Times,* qui était tombé sous son charme.

Les photos que l'on possède de cette lady compassée et dolente ne révèlent rien de son caractère passionné, surtout lorsqu'elle porte son costume de chasse aux papillons. Il s'agissait d'une chemise d'homme à carreaux agrémentée de nombreuses poches de toile cousues un peu partout, d'une autre chemise en coton avec quelques poches supplémentaires, de gants de coton dont l'extrémité des doigts était coupée, du casque colonial et des inévitables tennis. Sa poitrine était garnie de toutes sortes d'équipements, dont une chaîne noire lourde avec une boussole au bout.

Elle passa tant de temps sous les climats chauds qu'elle craignait de revenir en Angleterre. Mais, lorsqu'elle rentrait, elle commençait par acheter des vêtements. Elle commandait les tennis à la douzaine et appréciait particulièrement le magasin de la bonne société, Harrods, à Londres. Un jour, devant se rendre en Inde, elle décida d'acheter quelques robes car elle devait séjourner chez le vice-roi. Elle les choisit en soie et fort élégantes. Mais, lorsqu'elle demanda qu'on ouvre les coutures de côté pour ajouter deux grandes poches intérieures en toile, le tailleur faillit avoir une attaque. « On ne les verra pas pendant le bal du vice-roi, lui expliqua-t-elle, mais elles me seront ensuite bien utiles pour y ranger mes boîtes à papillons. » Elle paraissait trouver parfaitement normal de porter une robe de chez Harrods avec des tennis pour courir dans la poussière à la poursuite d'un spécimen rare.

Elle vécut un temps dans un studio de Hampstead, sa base lorsqu'elle se trouvait en Angleterre. L'endroit était d'une simplicité spartiate. Elle y restait le temps de s'occuper de ses affaires puis repartait brusquement en expédition. Jetant quelques vêtements dans un sac de voyage, elle s'en allait alors à l'autre bout du monde, abandonnant les reliefs de son petit déjeuner sur la table. Son comptable, homme compréhensif, venait vite mettre un peu d'ordre, sachant qu'elle pouvait rester absente plusieurs années.

Margaret Fountaine était l'aînée des filles d'un clergyman du Norfolk, le révérend John Fountaine, recteur de St Acre, un hameau à 30 km de Norwich. Elle naquit en 1862 et grandit au milieu de sept frères et sœurs dans un monde dominé par les servantes, les gouvernantes et les nurses.

Adolescente, elle alla régulièrement à l'église et tomba tout aussi ponctuellement amoureuse des curés. Mais ce fut son engouement aveugle pour un choriste irlandais, Septimus Hewson, qui changea sa vie. Septimus était une ordure et un ivrogne, bien qu'elle ait toujours refusé de l'admettre. Elle eut le coup de foudre en l'entendant chanter à la cathédrale de Norwich, le poursuivit dans les cloîtres d'une façon peu compatible avec la dignité d'une lady et alla même jusqu'à lui écrire des lettres dans lesquelles elle le suppliait d'avoir pitié d'elle. Septimus se laissa faire un temps et ils furent presque fiancés, mais il l'abandonna alors pour un verre et une autre femme.

Pour raccommoder son cœur brisé, Miss Fountaine décida de voyager. Son oncle venait justement de lui laisser un revenu modeste de 100 livres l'an, assez pensa-t-elle pour voir le monde. Avec sa sœur pour compagne, elle partit pour la Suisse, puis pour les collines de Toscane, les lacs italiens et Rome, passant son temps à chasser le papillon et à être chassée par les hommes. Elle était en effet beaucoup plus attirante que le laissent voir ses portraits victoriens : « J'ai passé tout mon temps avec le baron... Comme prévu, il m'a fait une proposition malhonnête », écrit-elle.

La chasse aux papillons avait commencé comme un passe-temps mais devint rapidement une passion dévorante. Il n'était pas dans sa nature de faire les choses à moitié. Elle parcourut des centaines de kilomètres en Italie, gravissant des rochers ou s'enfonçant sous terre à la poursuite d'une belle pièce. Un extraordinaire exploit si l'on tient compte de l'état des routes à cette époque, sans parler des jupes longues qui gênaient sa marche.

De l'Italie, elle passa à la Corse, où elle rencontra des bandits dans la montagne, y compris l'abominable Jacques Bellacoscia, qui avait commencé sa carrière en tirant sur le maire d'Ajaccio. « J'ai bu avec Jacques, écrit-elle. Parfois, lorsque la vie est trop calme, il m'arrive de rêver à ces montagnes sauvages, au hors-la-loi et à son clan, aux chiens sauvages qui rôdent autour des roches grises et des bruyères violettes... » Jacques l'impressionna tant qu'elle conserva un brin de bruyère séchée dans son journal.

Elle resta sur l'île un moment, poursuivant les papillons. Quant aux hommes, elle avait une façon bien particulière de les tenir à distance, en jurant comme un charretier. Toutefois, au cours de l'une de ses expéditions, « un type ressemblant à un Bohémien sauvage » insista pour porter son équipement. « J'étais si prise par ma poursuite que je n'eus pas peur de m'aventurer seule dans la campagne avec cet homme. » A la fin, elle fut quand même obligée de se laisser glisser au fond d'un ravin pour échapper à ses griffes.

Maintenant, plus rien ne pouvait l'arrêter. En Hongrie, elle fut reçue à bras ouverts par les entomologistes de Budapest, et, avec un peu trop de chaleur, par un certain Dr Popovitch. Elle les accompagna dans leur sortie annuelle en montagne, partit en expédition avec un Herr Torok, grand et blond, de qui elle s'était éprise, marchant parfois douze heures sans rien d'autre que deux quignons de pain et un verre de lait de brebis. Les villageois hongrois la crurent atteinte de folie douce.

Mais c'est à Damas que Miss Fountaine rencontra l'amour de sa vie. Elle avait trente-neuf ans lorsqu'elle engagea un guide syrien de vingt-quatre ans, Khalil Neimy, pour l'escorter dans tout le Moyen-Orient. Il était clair pour un Arabe, portait son tarbouche crânement vers l'arrière de la tête et parlait anglais avec un fort accent américain. Il l'aima à la folie immédiatement, offrit de la servir gratuitement et couvrit ses mains et ses bras de baisers. La fille du révérend de Norfolk s'indigna d'abord, puis succomba.

Ils voyagèrent ensemble dans certaines des parties les plus sauvages du monde, des endroits où aucune femme blanche n'avait jamais mis les pieds. Les conditions étaient souvent épouvantables. « J'ai passé une nuit terrible sur le sol, l'endroit était infesté de mouches et de vermine », écrivit-elle après un séjour dans un village misérable près duquel elle espérait capturer un beau papillon noir.

Après une crise de malaria particulièrement pénible, en Afrique du Nord, elle commença à se baigner dans de la créosote diluée pour décourager les sangsues et autres insectes nuisibles. Sa peau en devint brun foncé.

Toujours très sensible au charme des hommes elle admit avoir été « consolée » au cours d'un séjour en Crète par les suggestions flatteuses bien qu'incorrectes d'un officier de marine égyptien. Voyageant sous les tropiques, elle trouva la brousse africaine effrayante mais la demande en mariage que lui fit un Français agréable. Le pauvre Khalil devait parfois prétendre qu'il était son frère.

Finalement, une Miss Fountaine extasiée arriva au Sikkim, le paradis des collectionneurs de papillons. Ayant loué un solide poney tibétain, elle longea d'horribles précipices, en route pour « le pays des nuages de l'Himalaya, un monde de vents sauvages et glacés et d'étranges visages ». Ses rêves d'enfance se réalisèrent. Mais lorsqu'elle aperçut enfin le Tibet elle ne put y jeter qu'un coup d'œil, une avalanche qui avait bloqué la vallée de Chumbi, l'obligea à faire demi-tour.

Son énergie était prodigieuse. A près de soixante-dix ans elle montait 70 kilomètres par jour au cours d'une expédition, la plupart du temps au galop.

Mais elle était toujours aussi incorrigible quand il s'agissait de mélanger papillons et amour. Pendant un voyage qui devait la conduire le long des grands fleuves d'Amérique du Sud, elle fut poursuivie sans cesse par un Brésilien amoureux. A un point crucial de leurs relations, la fille de clergyman du Norfolk écrivit : « Il parvint à me faire comprendre qu'il allait bientôt quitter son pyjama... Cela me rappela les jours anciens. »

Ses aventures se terminèrent sur une route poussiéreuse de Trinidad, un jour de 1940. Prise d'un coup de chaleur, elle s'évanouit. Quand un brave moine, le Frère Bruno, la découvrit, elle était en train de mourir d'une crise cardiaque. Son cher filet à papillon se trouvait hors de portée, juste derrière elle.

Traduction Michel Ciano
Photocomposition et impression :
Maury Imprimeur S.A. – 45330 Malesherbes
Dépôt légal : janvier 1987
ISBN 2 7318 0250 2
Nᵒ éditeur 398 – Nᵒ d'imprimeur : K86/19756G